# Desarrollo Humano Sustentable Local:
# Una mirada estratégica.

## Matriz FLOR para Comunidades Sustentables

Dr. Fidel Moreno Briceño
Dra. Elsy Godoy Crespo

Monterrey - México
2019

# DEDICATORIA

Al Amor y la Felicidad Radiante del Dios Todopoderoso

A mi Gran Estrella María del Rosario Briceño Rivas (+) y
Tarcila Crespo de Godoy (+)

A nuestras Estrellitas:

Francis Alejandra
Lorena Andreina
Fidel Ernesto y
Alejandra Fabiola

# AGRADECIMIENTO

Un agradecimiento por la culminación y publicación de un libro tiene dos connotaciones, el primero al Sabio Dios por otorgarnos los talentos necesarios para desarrollar las presentes reflexiones sobre este novedoso tema referido al Desarrollo Humano Sustentable Local, máxime cuando nos enfrentamos  escenarios cambiantes y turbulentos; el segundo porque fue producto de varios años de revisión a través de la consulta de libros y extensa información documental elaborados por eminentes investigadores de Venezuela, Latinoamérica y el resto del mundo, a todos ellos nuestra gratitud por hacer posible la realización del presente libro.

Especial agradecimiento al Profesor Francisco González Cruz Rector Emérito y el equipo Rectoral presidido por la Prof. María Teresa Bravo Rectora, Prof. Betzabet León Vice Rectora, Prof. Ana Linares Coordinadora de Postgrado y demás Autoridades que nos permitieron ingresar a la Universidad Valle del Momboy (UVM) para impartir cátedra en pre y posgrado, contribuyendo a profundizar nuestras investigaciones cuyos resultados fueron presentados en eventos académicos de la UVM.

Los autores agradecemos el apoyo concedido por el Centro de Desarrollo Humano Sustentable de la UVM, en el cual participamos por aproximadamente cinco años y principalmente colaborando en la organización de las Jornadas de Desarrollo Humano Sustentable que anualmente se realizan desde hace 20 años. Este escenario nos permitió exponer algunos de los temas que aparecen el libro, además de la orientación académica a seguir cada año en los temas centrales para las investigaciones que se realizan en las carreras de Ingeniería, Administración, Contaduría y Derecho.

Es propicio destacar, que los temas tratados en el libro son el resultado el intercambio de saberes y experiencia de los autores con sus estudiantes tanto en pregrado como en postgrado, cuyas reflexiones generaron aportes significativos para las investigaciones sobre las comunidades sustentables y en particular el Desarrollo Humano Sustentable a nivel local.

# PRÓLOGO

Seis ensayos, escritos cuatro a cuatro manos y dos a dos, contienen este libro formando todo un cuerpo coherente de investigaciones y propuestas que atienen a contribuir de forma teórica y práctica al desarrollo humano sustentable local. Son seis aportes sólidos, fruto del estudio y la experiencia de dos personas dedicadas con talento y pasión a la lucha intelectual y a la acción social en pro de la trasformación de una realidad que nos interpela a todos.

Los autores tienen autoridad científica y ciudadana para plantear sus ideas y propuestas, toda vez que se han formado adecuadamente, adquirido una dilatada experiencia y han sido partícipes de numerosas iniciativas, desde sus posiciones académicas o como integrantes de diversas iniciativas de la sociedad civil.

Fidel Moreno Briceño, es Geógrafo egresado de la Universidad de los Andes (ULA) de Mérida en el año de 1981 y desde esa fecha ha destacado en esta ciencia como investigador, proyectista y docente, además de un activo gremialista. Tiene una Maestría en Gerencia de Recursos Humanos, un Doctorado en Ciencias mención Gerencia y realizado numerosos cursos nacionales e internacionales en el campo del desarrollo humano y con particular interés en los temas ambientales y locales. Es Bombero Profesional Voluntario con el rango de Capitán, integrante del Rotary Club y siempre presente en las actividades de la sociedad civil organizada de apoyo a diversas iniciativas. Profesor de pre y postgrado en el Instituto Universitario de Tecnología del Estado Trujillo y en la Universidad Valle del Momboy (Valera, Venezuela) y profesor invitado de postgrado de varias Universidades Nacionales y Extranjeras, entre las que se destacan: Universidad del Zulia (LUZ), Universidad Nacional Experimental "Rafael María Baralt" (UNERMB), Universidad Pedagógica Experimental Libertador (UPEL), Universidad de los Andes (ULA), Universidad Experimental Simón Rodríguez, Universidad Valle del Momboy (UVM), Spenta University de California (USA) e Instituto de Estudios Superiores Spenta México en Monterrey. Autor de libros entre los que se destacan "¿Es posible el desarrollo sustentable?", "Reflexiones desde una perspectiva de ética ambiental" y "Perspectivas y desafíos de la gerencia de los Recursos Humanos". Es autor y coautor de varios artículos en revistas arbitradas e indexadas, además de conferencista a nivel nacional e internacional.

Elsy Godoy Crespo es Ingeniero Forestal egresada de la Universidad de los Andes (ULA) en 1984 y tiene una maestría en Gerencia de Recursos Humanos y un doctorado en Ciencias. Mención Gerencia. Trabajó hasta su jubilación en el Ministerio del Ambiente y de los Recursos Naturales y es profesora de post grado en Venezuela: Universidad Nacional Experimental "Rafael María Baralt" (UNERMB), Universidad Pedagógica Experimental Libertador (UPEL), Universidad Nacional Experimental Simón Rodríguez (UNESR); Universidad Valle del Momboy (UVM). A nivel internacional Spenta University de California (USA) e Instituto de Estudios Superiores Spenta México en Monterrey. Profesora de pregrado en el Instituto Universitario de Tecnología Bomberil, Ambiente Académico Trujillo. Bombero Profesional Voluntario con el rango de Primer Teniente. Autora del libro "Perspectivas y desafíos de la gerencia de los Recursos Humanos", así mismo autor y coautor de varios artículos en revistas arbitradas e indexadas.

Los ensayos a cuatro manos son: "Una mirada al fin de la pobreza y formulación de políticas públicas: un reto para el desarrollo humano sustentable local"; "Matriz FLOR: diagnóstico estratégico en las comunidades para el Desarrollo Humano Sustentable"; "Agenda 21 para el Desarrollo Humano Sustentable, ¿global o local?"; y "Desarrollo Humano Sostenible y tecnología de la información en las empresas: recursos humanos como estrategia",

Inician los autores como debe ser, con el primero de los Objetivos del Desarrollo Sostenible de la Agenda 2030: Fin de la pobreza, y plantean, asunto en el cual insisten en otros ensayos, en la necesidad de abordar estrategias para el desarrollo local en cinco (5) Dimensiones: Lugarización Cultural, Económica, Social, Política, y Ambiental. En el segundo ensayo abordan un aporte metodológico muy práctico para la planificación del desarrollo local, no solo para la importante fase del diagnóstico participativo sino para la formulación de estrategias y políticas públicas. El tercer ensayo conjunto de los autores se refiere a la utilidad de la Agenda 21, planteada por la ONU para ser aplicada a las diversas localidades con su enorme diversidad, y explican en que consiste y cómo han sido exitosas las diversas experiencias registradas. En el cuarto se plantean los autores la importancia de las tecnologías de la información y fundamentalmente de los recursos humanos, en el marco de las cinco dimensiones antes señaladas, para el desarrollo humano local.

A dos manos son dos ensayos de Fidel Moreno, en el primero demuestra su experiencia como investigador permanente de la normativa ambiental como una de las dimensiones para el desarrollo local. En el segundo recoge su experiencia como brillante participante en el Curso del Desarrollo Integral, del Centro Latinoamericano para el Desarrollo, la Integración y la Cooperación (CELADIC), mediante un aporte conceptual y metodológico al "Modelo alternativo de desarrollo humano integral" propuesto por esta organización.

Está pues el lector frente a una serie de trabajos que contribuyen a uno de los asuntos más concretos y necesarios del discurso en torno al desarrollo humano sostenible: la acción local. Es allí, en cada lugar, donde se concretan y especifican los planteamientos globales sobre el desarrollo. Y es allí donde se traducen a la enorme diversidad de situaciones, las grandes y genéricas recomendaciones. Por eso contribuciones como las de Fidel Moreno y Elsy Godoy son sustantivas a los esfuerzos que desde todas partes se suman a los grandes desafíos planteados en Agenda 2030 y al que están comprometidos todos los pueblos del mundo.


Francisco González Cruz.

Rector Emérito de la Universidad Valle del Momboy.

Valera, Estado Trujillo – Venezuela.

El presente libro titulado el Desarrollo Humanos Sustentable Local: Una mirada estratégica; representa un significativo aporte para las ciencias sociales y ambientales, cuyos temas reflejan la realidad actual en el mundo con énfasis en lo local; en este sentido, los autores estamos convencidos de que todo este proceso de Desarrollo Humano Sustentable debe propiciarse en ámbitos espaciales los más cercanos a las comunidades, con la finalidad de ofrecerles respuestas en el más corto plazo e impulsar su desarrollo desde lo local a lo global, por lo tanto, nuestra postura la compartimos con lo expresado por González F. (2013:81) referido a lo local "… lugar es el espacio donde mejor pueden concretarse las iniciativas para el desarrollo humano sustentable…se debe hacer desde el Municipio que es la entidad político – territorial autónoma por excelencia para la gestión pública del lugar."

Desde esta misma perspectiva, el Papa Francisco es contundente al referirse a lo local "… mientras el orden mundial existente se muestra impotente para asumir responsabilidades, la instancia local puede hacer una diferencia." En consecuencia, el tema central y los aportes presentados sobre el Desarrollo Humano Sustentable, hace un llamado a la reflexión a quienes tienen la responsabilidad de la gestión pública, para debatir sobre la prioridad de sus políticas en función a ofrecer respuestas a sus comunidades.

El libro está estructurado como se señala en el prologo por "seis ensayos, escritos cuatro a cuatro manos y dos a dos" en el cuales los autores comparten sus aportes sobre este tema tan actual y controversial; en este sentido, se presenta lo que se intitula "Una mirada al fin de la pobreza y formulación de políticas públicas: un reto para el desarrollo humano sustentable local", que representa una pincelada en el contexto del tema de la pobreza en el cual solo se esbozan aspectos de la agenda 21 local y como aportes la formulación de políticas públicas desde la perspectiva del Desarrollo Humano Sustentable Local.

Es propicio destacar uno de los importantes aportes de los autores al desarrollar; Matriz FLOR diagnóstico estratégico en las comunidades para el Desarrollo Humano Sustentable, la cual facilita los trabajos de indagación y participación de sus principales actores que son los stakeholders con las comunidades, que a su vez requieren la elaboración de estrategias y posteriores programas y acciones, para un desarrollo.

Un aspecto de relevancia sobre el Derecho Ambiental en Venezuela, representa el ensayo titulado "Una retrospectiva a la normativa ambiental y su perspectiva para el Desarrollo Humano Sustentable en Venezuela" en la misma se profundiza y compara la evolución de las normativas a partir de la Constitución de la República de Venezuela del año 1961 hasta 1999 con la Constitución de la República Bolivariana de Venezuela, y los cambios de leyes a la luz de las Conferencias Internacionales sobre el Medio Ambiente entre el lapso comprendido; sobre este particular se evidencian algunos dilemas de tipo legal en la Constitución de 1999 con las directrices de las Naciones Unidas.

El cuarto ensayo está escrito y titulado "Agenda 21 para el Desarrollo Humano Sustentable: ¿Global o Local?" en el cual se destaca la vigencia y relevancia de la Agenda 21 que surgió en la Primera Conferencia del Medio Ambiente y Desarrollo de las Naciones Unidas celebrada en Río de Janeiro en 1992, y que si bien su orientación se percibe como global, sin embargo las Naciones Unidas señala que los problemas y las soluciones expresadas en la Agenda o Programa 21, se relacionan con las actividades locales en la que se deben involucrar a las comunidades, con la cooperación de las autoridades locales para el logro de los objetivos del Programa.

Los primeros esbozos y estudios sobre el desarrollo sustentable se fundamentaron en la problemática ambiental y sociocultural de las naciones, cuyos temas giraban en torno al deterioro de los recursos naturales (agua, suelo, vegetación, fauna, entre otros) y en lo social la pobreza como fundamento principal para el desarrollo de las comunidades; sin embargo en el presente siglo con los avances de las tecnologías de la información desde la perspectiva del desarrollo humano sustentable, se presenta el ensayo titulado "Desarrollo humano sostenible y tecnología de la información en las empresas: recursos humanos como estrategia"; en el cual los autores presentan su aporte "Cinco dimensiones para el desarrollo sostenible integral del recurso humano en las empresas" destacándose las siguientes: Dimensión Ético–Cultural, Dimensión Económica, Dimensión Social, Dimensión Política y Dimensión Ambiental.

Finalmente, se presenta un "Diseño del modelo alternativo de desarrollo humano integral. Aportes para el cambio" un gran aporte no sólo para Venezuela, sino para cualquier país Latinoamericano; en este sentido, se hace énfasis en las características que distinguen el Modelo Alternativo de Desarrollo Humano Integral. Aportes para el Cambio. Vs. Modelo Socialista del Siglo XXI y posibles adecuaciones a dimensiones y temas para complementar el Modelo Alternativo de Desarrollo Humano Integral. Aportes para el Cambio (DHI).

Dr. Fidel Moreno Briceño.

# ÍNDICE DE CONTENIDO

# UNA MIRADA AL FIN DE LA POBREZA Y FORMULACIÓN DE POLÍTICAS PÚBLICAS: UN RETO PARA EL DESARROLLO HUMANO SUSTENTABLE LOCAL


Fidel Moreno Briceño
Elsy Godoy Crespo


## Introducción

El tema sobre la pobreza representa para la gerencia de las instituciones públicas quizás el problema más importante y decisivo, considerándolo como parte de su agenda común que le permita definir políticas gubernamentales eficientes, tendientes a su disminución o solución; sin embargo lo establecido en la Agenda 21 lucha contra la pobreza de las Naciones Unidas, señala que más de la falta de ingresos lo consideran o relacionan como un problema de derechos humanos; en este sentido, en el 2015 en la Asamblea General de las Naciones Unidas aprobaron los 17 objetivos para el desarrollo sostenible estableciendo como primer objetivo erradicar de aquí al 2030, la pobreza extrema para todas las personas y en todo el mundo.

En consecuencia, es menester abordar estrategias para establecer políticas públicas bien definidas, en este sentido, formulamos desde la perspectiva del Desarrollo Humano Sustentable Local cinco (5) Dimensiones: Lugarización Cultural, Económica, Social, Política, y Ambiental.

La Dimensión Lugarización Cultural se considera en el ámbito territorial y al referirnos al Desarrollo Humano Sustentable Local, consideramos la acepción teórica fundamenta por González, C. Francisco (2013) quién considera que la lugarización debe concebirse orientada a la satisfacción de la necesidad de identidad, personal y comunitaria del lugar, lo cual permita darle su fundamental espacio territorial para su planificación; como complemento a la lugarización lo cultural considerándose al conjunto complejo de instrumentos, conocimientos, creencias, artes, ritos, normas, valores, instituciones y todo otro elemento que el hombre produce, aprende, transmite y comparte a lo largo de su vida en interacción social, que ampliamente lo argumenta el CELADIC (2009).

Por su parte, la Dimensión Económica acentúa la relevancia que tiene en los procesos de desarrollo una localidad, en consecuencia, el verdadero sujeto de la economía es el ser humano, es el sujeto persona y es la misma comunidad; lo cual conlleva al desarrollo de una nueva cultura económica que permita a las comunidades avanzar, hacia un Desarrollo Humano Sustentable Local.

En cuanto a la Dimensión Social se encuentra estrechamente integrada a los elementos humanos del individuo en la comunidad y sus respectivos lugares, representada en la participación del ser humano, para generar las transformaciones y los cambios ineludibles, que permitan desarrollar el bien común, como factor central para satisfacer las necesidades humanas y garantizar una vida digna para todos.

Se destaca a la Dimensión Política fundamentada en el *Bien Común* que el CELADIC (2009:72) lo simplifica como *el arte de lo posible*, en consecuencia, agrega "hay la necesidad urgente de hacer algo..." fundamentales para gobernar y concebir políticas con la posibilidad de obtener los resultados deseados por la ciudadanía para fortalecer las instituciones democráticas; sobre este particular es menester articular una relación entre la *Comunidad-Gobierno Local-Empresa*.

En relación a la Dimensión Ambiental, es propicio destacar que en ésta confluyen holística e integralmente las anteriores, en la cual se evidencian los resultados de las actividades que el individuo, comunidad y organización realizan y manifiestan su progreso; en consecuencia, es imperioso que en la definición de políticas públicas para el desarrollo humano sustentable local sean consideradas los problemas e indicadores de cada lugar, holísticamente entre las cinco dimensiones (Lugarización-Cultural, Económica, Social, Política y Ambiental), a objeto de evitar los errores que por más de 20 años las naciones a nivel mundial han establecido políticas, las cuales no han favorecido o contribuido al desarrollo humano sustentable

### *Agenda 21 lucha contra la pobreza.*

La pobreza es un concepto que según Zupi, M y Estruch, E. (2011) "... es un término subjetivo comparativo; también es moral y evaluativo, además de haber sido determinado científicamente"; existen otras definiciones más amplias, basadas en procesos dinámicos más que estáticos denotando una acentuada necesidad, privación del bienestar y transformación en colectivo. Al respecto las Naciones Unidas (2017) en sus 17 objetivos para el desarrollo sostenible señala "La pobreza va más allá de la falta de ingresos y recursos para garantizar unos medios de vida sostenibles", agregando que es un problema de derechos humanos.

Según el Programa de las Naciones Unidas para el Desarrollo (2017) "...a nivel mundial, más de 800 millones de personas aún viven con menos de

1,25 dólares al día y muchos carecen de acceso a alimentos, agua potable y saneamiento adecuados". Este escenario mundial se percibe contradictorio y exagerado que millones de personas vivan en la extrema pobreza, definida según Naciones Unidas (2017) como "una combinación de escasez de ingresos, falta de desarrollo humano y exclusión social"

Esta acepción de pobreza según Zupi, M y Estruch Puertas, E. (2011) "…implica un estado de desventaja que puede observarse en relación con la comunidad local o con la sociedad o nación a la que pertenezcan el individuo, la familia, el hogar o el grupo que sufre dicha privación"; en consecuencia, la pobreza en todas sus formas en todas sus partes es un reto para el Desarrollo Humano Sustentable Local. Es preciso señalar que los Jefes de Estado se reunieron en la Asamblea General de las Naciones Unidas en el 2015, para acordar un conjunto de objetivos de desarrollo sostenible, llegándose en consenso a establecer el primer objetivo dirigido a erradicar de aquí al 2030, la pobreza extrema para todas las personas y en todo el mundo.

Sobre la base de lo antes esgrimido surgen interrogantes tales como ¿Es posible cumplir la meta de erradicar la pobreza extrema por debajo de las estimaciones señaladas por las Naciones Unidas? ¿Cuál es el nivel de compromiso de los gobiernos en los distintos países para cumplir las metas establecidas? ¿Qué rol juegan los gobiernos locales para el desarrollo humano sustentable?

Es evidente, no existen respuestas contundentes acerca de esas y otras interrogantes, por el contrario, hay una complejidad de factores los cuales dependen de cada país, estado o municipio. Sin embargo, desde nuestro punto de vista los gobiernos locales deben enfrenar un desafío desde una perspectiva de *pensar globalmente, pero actuar localmente,* que según Cruz Paulo Márcio y Bodnar Zenildo (2008) se debe asumir "…como substitución gradual de los presupuestos teóricos modernos por soportes conectados al nuevo ambiente globalizado".

En este sentido, y en lo atinente a reflexionar acerca del objetivo 1 el *fin de la pobreza en todas sus formas en todas sus partes,* es imperativo que nuestros gobernantes a nivel local asuman una actitud positiva de pensar, hablar y actuar correctamente sobre los problemas de la pobreza partiendo de lo global, nacional y estatal, como referentes para establecer importantes políticas públicas, relacionadas con esta problemática que se encuentra limitada al resto de las dificultades locales. En consecuencia, se debe elaborar una agenda local participativa sobre la pobreza, articulada con la agenda 21 local del respectivo municipio, en la cual se precisen las metas a alcanzar y compromisos que se deben asumir.

Al respecto, United Nations Environment Programme (2017) en el programa 21 en su capítulo 3 lucha contra la pobreza es puntual al señalar los objetivos a los cuales las políticas públicas deben abordar simultáneamente cuestiones de desarrollo, gestión sostenible de los recursos y eliminación de la pobreza; sobre esta última es contundente al establecer los siguientes objetivos (Gráfico 1)

*Grafico 1:* **Objetivos de la Agenda Local. Programa 21. Lucha contra la pobreza**. Fuente: Elaboración propia de los autores

**a.- Oportunidad de trabajo** y **medios de subsistencia sostenibles**, permitir que todas las personas reciban ingresos, y por tanto tener disponibilidad para los medios de subsistencia dentro del marco de la sostenibilidad.

**b.- Políticas y estrategias de financiación**, las cuales deben estar enmarcadas en: promover políticas integradas de desarrollo humano (esferas de generación de ingresos y aumento del control local de los recursos), fortalecimiento de instituciones locales, mayor participación de las organizaciones no gubernamentales y de las autoridades locales como mecanismos de ejecución;

**c.- Zonificación áreas con pobreza, estrategias y programas;** zonificar las áreas de mayor pobreza, a los fines de formular estrategias y elaborar programas integrados de gestión racional y sostenible del medio ambiente, empleo y generación de ingresos, así como programas especiales para las mujeres y los niños, a los fines de eliminar la pobreza y por ende sus efectos.

**d.- Plan de desarrollo local con inversiones en capital humano;** los planes deben sustentarse considerando el capital humano de las áreas rurales, así como los pobres de las zonas urbanas, con lo cual se minimizan las inversiones y los integrantes de estas áreas reciben ingresos, como base importante para salir de la pobreza.

A propósito de las pautas establecidas en la Agenda Local Programa 21 Lucha contra la Pobreza, es necesario que los gobiernos locales asuman su rol preponderante sobre el objetivo 1 establecido en los 17 Objetivos del Desarrollo Sostenible; en este sentido es propicio destacar, que no existen fórmulas prodigiosas o mágicas para alcanzar este objetivo dada la complejidad del trasfondo económico, social, político, ambiental y cultural prevalecientes en cada lugar del planeta; sin embargo, coincidimos con lo expresado por. Gabaldón Arnoldo (Comp.). (2013:296) "La pobreza, como se sabe, es uno de los mayores obstáculos al desarrollo sustentable"; en consecuencia, es imperativo y urgente que los gobiernos locales asuman ese desafío, no solamente desde la perspectiva del desarrollo económico local, sino desde un desarrollo humano sustentable local.

Sobre la base de lo antes esgrimido, las United Nations Environment Programme (2017) en la Agenda 21 manifiestan su preocupación ante ese desafío al señalar:

> La humanidad se encuentra en un momento decisivo de la historia. Nos enfrentamos con la perpetuación de las disparidades entre las naciones y dentro de las naciones, con el agravamiento de la pobreza, el hambre, las enfermedades y el analfabetismo y con el continuo empeoramiento de los ecosistemas de los que depende nuestro bienestar.

En relación con ese agravamiento de la pobreza, el hambre, las enfermedades y el analfabetismo, una alternativa fundamental será la instrumentación de políticas públicas propias de cada localidad, en la cual se consideren entre otros aspectos: la inclusión social, activos locales, transformación de la economía, establecer alianzas y cooperación.

La instrumentación de políticas es exigente en cuanto a los actores que deben intervenir. Según Stein y Tommasi, (2007), citado por Zornoza B. Juan A, Arroyave A Santiago y Rodríguez Norman S (Comp) (2009:26) afirman:

> ...es un proceso en el que intervienen múltiples actores en diferentes fases del proceso de formulación de una política. Requiere respuestas específicas de los agentes económicos y sociales, y, en consecuencia, exige diversas formas de cooperación y confianza en la durabilidad y otras propiedades de la política.

Por lo tanto, la intervención de múltiples actores para la formulación de una política y específicamente a nivel local juega un rol preponderante, en este sentido, presentamos una aproximación para la formulación de políticas públicas desde la perspectiva del Desarrollo Humano Sustentable Local considerándose cinco (5) Dimensiones: Lugarización-Cultural, Económica, Social, Política, y Ambiental.

### *Formulación de políticas públicas desde la perspectiva del Desarrollo Humano Sustentable Local.*

El Desarrollo Humano Sustentable Local, dada la intervención de múltiples actores amerita necesariamente la consideración, articulación e integración de cinco dimensiones que desde nuestro punto de vista deberían establecerse las siguientes: *Dimensión Lugarización Cultural; Dimensión Económica, Dimensión Social, Dimensión Política, y Ambiental*, como componentes esenciales de un marco de políticas públicas locales; desde esta perspectiva el Desarrollo Humano Sustentable exige considerar una visión integral y holística del territorio en lo local, ya que todos se articulan como un todo. (Gráfico 2)

Dimensión Lugarización-Cultural. - En el ámbito territorial y al referirnos al Desarrollo Humano Sustentable Local, consideramos que la acepción teórica la fundamenta González, F. (2013:48) al expresar "... la lugarización bien entendida, propende a la satisfacción de la necesidad de identidad, personal y comunitaria del lugar". En este sentido, al establecerse políticas públicas atinentes a un espacio local, es fundamental tomar en cuenta las necesidades del lugar con precisión territorial, de tal manera de satisfacer sus necesidades; en consecuencia, los ciudadanos de esas comunidades a través de su participación, responsabilidad y empoderamiento comunitario asumirán su rol protagónico para el Desarrollo Humano Sustentable Local.

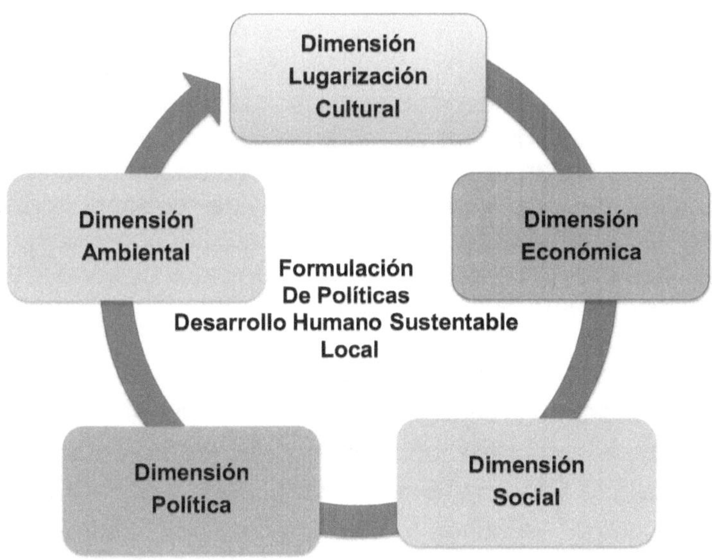


*Grafico 2.* **Formulación de políticas de Desarrollo Humano Sustentable Local**. Fuente: Elaboración propia de los autores.

Esta Dimensión en cuanto a Lugarización se fundamenta en lo que. González, C. Francisco (2013:52-85) expresa "El lugar es el espacio territorial íntimo y cercano donde se desenvuelven la mayor parte de las actividades del ser humano", pero lamentablemente "El centralismo desprecia la capacidad de las comunidades para gobernarse. El centralismo tiende al autoritarismo y a la homogeneidad". En relación a la cultura el CELADIC (2009:37) señala "… es el conjunto complejo de instrumentos, conocimientos, creencias, artes, ritos, normas, valores, instituciones y todo otro elemento que el hombre produce, aprende, transmite y comparte a lo largo de su vida en interacción social"; por lo tanto el lugar y cultura se complementan de manera integral y holística para conformar esta importante Dimensión la cual debe ser considerada al momento de la formulación de políticas públicas en el ámbito local.

**Dimensión Económica**. - Esta dimensión acentúa la relevancia que tiene en los procesos de desarrollo en una localidad, tal como lo afirma el CELADIC (2009:37) "No debemos olvidar que el verdadero sujeto de la economía es el *ser humano*, es el *sujeto persona* y es la misma *comunidad*"; en consecuencia, es necesario desarrollar una nueva cultura económica capaz de permitir a las comunidades avanzar hacia un Desarrollo Humano

Sustentable Local, en cada lugar. Sobre este aspecto González, F. (2013:72) al referirse a sus cuatro dimensiones del desarrollo humano sustentable expresa

> La economía social o economía de solidaridad es una búsqueda teórica y práctica de formas alternativas de hacer economía, basadas en la solidaridad y el trabajo. Su fundamento está en la constatación de que mayores niveles de cooperación en las actividades, organizaciones e instituciones económicas, tanto a nivel de las empresas como en los mercados y en las políticas públicas, incrementa la eficiencia micro y macroeconómica.

En este sentido, consideramos, esa nueva economía a la que hacemos referencia debe caracterizarse por ser solidaria, según el CELADIC (2009:49) "… implica un caminar juntos con los demás, compromiso concreto para superar la mentalidad y los hábitos individualistas, y coherencia cuando nos reconocemos como personas, y estamos dispuestos a compartir responsablemente con los demás…"

**Dimensión Social**. - Esta dimensión está estrechamente integrada a los elementos humanos del individuo en comunidad y sus respectivos lugares, representado en la participación indispensable del ser humano, elemento decisivo para generar las transformaciones y los cambios ineludibles, que permitan desarrollar el bien común, como factor central para satisfacer las necesidades humanas y garantizar una vida digna para todos.

En relación a la satisfacción de las necesidades humanas, es propicio enfatizar que las comunidades se destacan por sus necesidades básicas, tales como: salud, vivienda, productividad, educación, oportunidades de trabajo, seguridad ciudadana y familiar; además, de preparación sobre desastres naturales, tolerancia y la calidad de vida, esta última según (Max-Neef, 1986, citado por Castillo, C. 2007:52) expresa que está "… conceptualizado en términos de necesidades humanas fundamentales, a su vez, central en la noción y evaluación del proceso de desarrollo", y particularmente en el Desarrollo Humano Sustentable Local.

**Dimensión Política**.- Esta dimensión tiene su fundamento en el *"Bien Común"* el CELADIC (2009:72 ) lo simplifica como *el arte de lo posible*, en consecuencia, agrega hay " la necesidad urgente de hacer algo…" por lo tanto se requiere gobernar y concebir políticas con la posibilidad de obtener los resultados deseados por la ciudadanía que a su vez fortalezcan las instituciones democráticas coincidiendo con lo señalado por el Inter-American Institute for Cooperation on Agriculture (2003:90) donde se establece "La dimensión político institucional tiene como prioridad la gobernabilidad democrática."

Sobre la base de lo antes esgrimido, compartimos la postura del Papa Francisco (2015:137) al referirse a la política cuando afirma "La grandeza política se muestra cuando, en momentos difíciles, se obra por grandes principios y pensando en el bien común a largo plazo. Al poder político le cuesta mucho asumir este deber en un proyecto de nación". Esta afirmación coincide con lo expresado en la dimensión social como factor central para satisfacer las necesidades humanas y garantizar una vida digna para todos. Empero, el Papa Francisco (ob. Cit: 37) es contundente al referirse a lo local "… mientras el orden mundial existente se muestra impotente para asumir responsabilidades, la instancia local puede hacer una diferencia. Pues allí se puede generar una mayor responsabilidad, un fuerte sentido comunitario…"

Por lo tanto, la dimensión política a nivel local debe ser asumida con mayor responsabilidad y sentido comunitario, porque definitivamente en cada lugar la comunidad manifiesta sus necesidades humanas fundamentales. Sobre este particular es menester articular una relación entre *"Comunidad - Gobierno Local - Empresa"*, que permita entre otros aspectos, la participación activa y responsable de la *comunidad* para garantizar el bien común; en este sentido, el *gobierno local* debe asumir su rol como autoridad máxima del hecho político con alto nivel de eficacia social y concreción de las políticas públicas, para respaldar la colectividad; y la *empresa*, según (Bach y Allen, 2010, citados por Gutiérrez R. y Villar R. 2017:6) señalan "En el pasado, muchas empresas consideraban el contexto social y político como algo dado, externo y de poca importancia para el negocio. La sostenibilidad enfatiza la influencia mutua entre las esferas sociales, políticas, culturales y ambientales."

En consecuencia, es ineludible para el desarrollo de políticas públicas locales involucrar a la empresa privada, tal como afirman (Bach y Allen, 2010, citados por Gutiérrez R. y Villar R., 2017:7)

> Si las empresas se limitaran a ser agentes económicos, no actuarían de manera estratégica en las esferas sociales, políticas, culturales y ambientales, o lo harían de manera reactiva. Pero al darle las empresas importancia a su interdependencia con la sociedad, diseñan y desarrollan estrategias no solo para las esferas del mercado sino también para las esferas que lo trascienden y tienen gran influencia sobre el negocio.

Lo expresado por los citados autores, coincide con nuestra postura ya que en políticas públicas para el desarrollo humano sustentable se requiere otorgarles participación y relevancia a las empresas a fin de hacer sentir sus efectos en la comunidad y por ende la aportación para su progreso social.

***Dimensión Ambiental****.* En esta quinta dimensión confluyen holística e integralmente las anteriores, en la cual se evidencian los resultados de las actividades desarrolladas por el individuo, comunidad y organización que realizan y manifiestan su progreso; en este sentido, es propicio destacar que desde el informe Brundtland en 1987, la Cumbre de Río de Janeiro el 1992, la Cumbre de Johannesburgo en el 2002 hasta la más recientemente celebrada la Conferencia de las Naciones Unidas sobre Desarrollo Sostenible del año 2012 (Río +20) según Rueda Palenzuela S. (2012:486-487) " ... muestran como el progreso que se detecta en este ámbito de actuación no ha sido el mismo en las tres dimensiones en que se sustenta el propio concepto de desarrollo sostenible: la dimensión económica, la dimensión social y la dimensión ambiental." A tal efecto, es contundente al afirmar

> Si bien se ha avanzado en la convergencia entre las dimensiones económica y social–aunque este avance ha sido reducido y se ha llevado a cabo a partir del despliegue de políticas y acciones sectoriales segmentadas, la confluencia de estas dimensiones con la dimensión ambiental ha sido mucho más limitada y más bien se han puesto de manifiesto espacios de divergencia que de proximidad.

A nivel global se ha intentado lograr una convergencia entre esas tres dimensiones, pero las políticas y acciones por parte de las naciones han sido divididas y en consecuencia, su integración y concreción con la dimensión ambiental han sido restringidas evidenciándose espacios de divergencia más que de convergencia.

Desde esta perspectiva, es importante destacar que a nivel local las políticas públicas y acciones sectoriales se establezcan incluyendo las anteriores dimensiones (Lugarización-Cultural, Económica, Social y Política); de allí el carácter holístico e integral que debe prevalecer, a objeto de no incurrir en los errores cometidos por más de 20 años, sobre este particular las naciones a nivel mundial han establecido políticas poco favorables para el desarrollo humano sustentable; en este sentido, coincidimos con lo expresado por el Papa Francisco (2015:15) quien hace un llamado a " ... la necesidad de debates sinceros y honestos, la grave responsabilidad de la política internacional y local, la cultura del descarte y la propuesta de un nuevo estilo de vida".

El discurso presentado sobre la dimensión ambiental no está referido para un determinado espacio, sino lo aproximamos a lo que González, C. Francisco (2013:72) define como lugarización "El lugar total. Holístico. Un solo sistema local donde armonizan la identidad que singulariza al lugar, con las innovaciones que mantienen al día el bienestar de la gente y la sustentabilidad ambiental". En este sentido, la citada definición se articula con lo expresado por Rueda Palenzuela S. (2012:487) quién expresa al referirse al ámbito local "En estos territorios se incrementan los problemas vinculados a la contaminación, la generación de residuos y la congestión urbana, pero mejoran otros indicadores ambientales locales referidos al acceso al agua potable y las condiciones de higiene y salubridad".

Sobre lo antes esgrimido, es imperioso que en la definición de políticas públicas para el desarrollo humano sustentable local sean consideradas los problemas e indicadores de cada lugar, holísticamente entre las cinco dimensiones (Lugarización-Cultural, Económica, Social, Política y Ambiental), a objeto de evitar los errores anteriormente señalados a nivel global.

### *Transformar nuestro mundo: Agenda 2030 para el desarrollo sostenible*.

En esta parte se pretende presentar una breve síntesis de la Resolución aprobada por la Asamblea General de las Naciones, que se titula *Transformar nuestro mundo: la Agenda 2030 para el Desarrollo Sostenible*, con énfasis en el *fin de la pobreza en todas sus formas en todas sus partes*, objetivo 1 entre los 17 Objetivos del Desarrollo Sostenible (ODS); es propicio destacar que en dicha Agenda se considera un Plan de Acción que favorezca a las personas y el planeta, contribuyendo a su progreso y prosperidad, además fortalecer la paz universal.

Se destacan en los 17 Objetivos del Desarrollo Sostenible 169 metas señalándose la dimensión y ambición de esta nueva Agenda Universal, la cual retomó los Objetivos de Desarrollo del Milenio (ODM) definidos para ser cumplidos entre el 2000-2015, que en gran parte no se lograron; es importante señalar que tanto los objetivos como sus metas se consideran de carácter integrado e indivisible, conjugándose las tres dimensiones del desarrollo sostenible: económica, social y ambiental, igual que en los ODM

Por el contrario, los ODS, tendrán una duración de 15 años entre el 2015 y 2030, de allí su denominación Agenda 2030 para el desarrollo sostenible, haciendo énfasis en: las personas, planeta, prosperidad, paz, y alianzas.

De los 17 objetivos del Desarrollo Sostenible, el N° 1, las Naciones Unidas (2017: f 2-3) es enfático al expresar "Estamos decididos a poner fin a la pobreza y el hambre en todas sus formas y dimensiones, y a velar por que todos los seres humanos puedan realizar su potencial con dignidad e igualdad y en un medio ambiente saludable.". Además:

> Estamos resueltos a poner fin a la pobreza y el hambre en todo el mundo de aquí a 2030, a combatir las desigualdades dentro de los países y entre ellos, a construir sociedades pacíficas, justas e inclusivas, a proteger los derechos humanos y promover la igualdad entre los géneros y el empoderamiento de las mujeres y las niñas, y a garantizar una protección duradera del planeta y sus recursos naturales.

Como se señaló en párrafos anteriores la visión de futuro es sumamente ambiciosa, y sobre todo porque son enfáticos al anhelar a un mundo sin pobreza, hambre, enfermedades, ni privaciones, en el cual todas las formas de vida puedan progresar; un mundo sin temor ni violencia; en el que la alfabetización sea universal, acceso equitativo y generalizado a una educación de calidad, entre otras aspiraciones; quizás lo acordado en esas reuniones por los Jefes de Estado y de Gobierno, así como de Representantes reunidos en la Sede de las Naciones Unidas en Nueva York del 25 al 27 de septiembre de 2015 sea muy soñador y como visión está bien direccionada atendiendo las tres dimensiones del Desarrollo Sostenible, atinentes a las personas, planeta, prosperidad, paz, y alianzas.

Sobre lo antes esgrimido, consideramos se debió reflexionar en relación a otros contextos que direccionaran y facilitaran su cumplimiento, porque su perspectiva es más global, dejando a un lado lo local aspecto a nuestro juicio, debe ser el centro o la medula de todos los problemas planetarios; en este sentido, coincidimos con Guimarães, R.(2003:8) quién afirma "… tampoco es correcto retratar todos los desafíos que siguen aquejándose a la humanidad, especialmente los de la pobreza y de la ausencia de justicia social, como resultados únicos y exclusivos del proceso de globalización."

En este mismo orden de ideas, y con las experiencias en la aplicación de la Agenda 21, los Objetivos de Desarrollo del Milenio (ODM), entre otros acuerdos mundiales, es menester que en la Agenda 2030 para el desarrollo sostenible, se debió considerar como reto lo señalado por Guimarães, R.

(2003:15) "...uno de los principales desafíos del fomento productivo local se refiere a la necesidad de territorializar la sustentabilidad ambiental y social del desarrollo – el pensar globalmente pero actuar localmente..."

En consecuencia, Martinell Alfons (2014:3), al referirse a lo local, expresa "La realidad actual reclama un mayor protagonismo activo de los poderes locales como actores fundamentales para garantizar los derechos a la vida cultural de los ciudadanos". Ese protagonismo activo señalado por Martinell Alfons (2014:7), se debe a las "... grandes dificultades de articulación en la agenda política de los gobiernos nacionales y en las prospectivas internacionales en clave de desarrollo." No obstante, en esas Agendas y en particular la 2030, se deberían incluir además de las personas, planeta, prosperidad, paz, y alianzas, las *estrategias de vinculación* entre los 17 objetivos del Desarrollo Sostenible desde una perspectiva de la lugarización, según González, C. Francisco (2013) "... como tendencia complementaria a la globalización, es el desarrollo de las localidades, con los claros rasgos de su identidad, pero con una fuerte vinculación con lo planetario.

En este sentido González, C. Francisco (2013:13) al referirse al desarrollo local y erradicación de la pobreza es contundente al expresar:

> Los conceptos locales, y desarrollo local son ahora frontera de reflexiones, debates, propuestas y políticas para una gestión pública más descentralizada y participativa en el nivel local, para el buen gobierno local que facilita el desarrollo, creando el ambiente adecuado para liberar las energías de los agentes sociales con la preocupación central de la erradicación de la pobreza.

Por tanto, coincidimos con las posturas de Guimarães, R. (2003), Martinell A. (2014) y González, F. (2013), toda vez que el fin de la pobreza *en todas sus formas en todas sus partes*, no solo se debe asumir como una agenda global, sino por el contrario vinculadas a una agenda local, cuyas estrategias se complementen y se articulen con planes y acciones de cada lugar.

## REFERENCIAS


Castillo, Brenes C (2007) Comunidades rurales. Criterios y herramientas para su diagnóstico. Primera edición. EUNED. San José de Costa Rica.

CELADIC (2009). Un modelo alternativo de desarrollo humano integra. Aportes para el cambio. N° 2. Caracas – Venezuela.

Cruz Paulo Márcio y Bodnar Zenildo (2008) Pensar Globalmente y Actuar Localmente: El Estado Transnacional Ambiental en Ulrich Beck. Revista jurid. Manizales (Colombia), 5(2): 13 - 25, julio-diciembre 2008.

Francisco (2015). Carta encíclica. Laudato Si sobre el cuidado de la casa común. 24 de mayo. 2015. Roma.

Gabaldon Arnoldo (Comp.). (2013) Estrategias para alcanzar el desarrollo sustentable de un país de economía rentista: Venezuela. El Desafío del Desarrollo Sustentable en América Latina. Fundação Konrad Adenauer (Autor).

González, C. Francisco (2013) Lugarización. Primera Edición. Fondo Editorial Universidad Valle del Momboy. El Vigía – Mérida.

Guimarães, Roberto (2003) Tierras de sombras: desafíos de la sustentabilidad y del desarrollo territorial y local ante la globalización corporativa. División de Desarrollo Sostenible y Asentamientos Humanos. CEPAL Autor. Chile.

Gutiérrez Roberto y Villar Rodrigo (2017) Grandes oportunidades para las empresas cuando integran asuntos sociales a sus negocios. RedEAmérica. (Autor). Bogotá Colombia. Recuperado de http://www.redeamerica.org/Portals/0/Publicaciones/EmpresayComunid ad/GrandesOportunidadesparalasEmpresasVF_Espanol.pdf?ver=2017-04-12-084426-443

Inter-American Institute for Cooperation on Agriculture (2003) El enfoque territorial del desarrollo rural. IICA. San José de Costa Rica.
Martinell Alfons (2014) Vida cultural, vida local. Cultura 21. Agenda 21 de la cultura. Recuperado de http://www.agenda21culture.net/sites/default/files /files/files/ documents/es/newa21c_alfons_martinell_spa.pdf

Naciones Unidas (2016) Informe de los Objetivos de Desarrollo Sostenible 16. Recuperado de https://unstats.un.org/sdgs/report/2016/the%20susta tainable% 20development%20goals%20report%202016_spanish.pdf

Naciones Unidas (2017a) Objetivos del Desarrollo Sostenible. 17 Objetivos para transformar nuestro mundo. Recuperado de http://www.un.org/sustainabledevelopment/es/poverty/]

Naciones Unidas (2017b) La pobreza, un problema de derechos humanos. Día Internacional para la Erradicación de la Pobreza, 17 de octubre. Recuperado de: http://www.un.org/es/events/povertyday/.

Naciones Unidas (2017c) Los Principios Rectores sobre la Extrema Pobreza y los Derechos Humanos. Recuperado de http://www.ohchr.org/Documents/Publications/OHCHR_ExtremePoverty andHumanRights_SP.pdf

Naciones Unidas (2017d) Objetivos del Desarrollo Sostenible. 17 Objetivos para transformar nuestro mundo. Recuperado de: http://www.un.org/sustainabledevelopment/es/poverty/

Naciones Unidas (2017f) Resolución aprobada por la Asamblea General el 25 de septiembre de 2015. Transformar nuestro mundo: la Agenda 2030 para el Desarrollo Sostenible. Recuperado de http://www.senado.gob.mx/comisiones/fomento_economico/eventos/doc s/resolucion_080916.pdf

Rueda Palenzuela Salvador (2012) Libro verde de sostenibilidad urbana y local en la era de la información. Secretaría General Técnica Centro de Publicaciones. Ministerio de Agricultura, Alimentación y Medio Ambiente. Autor. España.

United Nations Environment Programme (2017e) Local authorities' initiatives in support of agenda 21. Recuperado de http://staging.unep.org/Docume nts.Multilinqual/Default.Print.asp?DocumentID=52&ArticleID=76&l=en Nairobi, Kenia.

Zornoza B. Juan A, Arroyave A Santiago y Rodríguez Norman S (Comp.) (2009) Políticas públicas en sistemas críticos: el caso latinoamericano. Primera edición. Editado por Gestión y Políticas Públicas Territoriales (GPPT) Medellín Colombia. Recuperado de https://books.google.com.mx/ com.mx/books?_id=rY_HAgAAQBAJ&printsec=frontcover&source=gbs ge_summary_r&cad=0#v=onepage&q&f=false

Zupi, M y Estruch Puertas, E. (2011) Desafíos de la cohesión social en tiempos de crisis: diálogo euro-latinoamericano. Editorial Complutense. Madrid – España. Recuperado de https://books.google.com.mx/books?id =O7Ze2Mu CyHkC&pg =PA208&dq=desaf%C3%ADos+del+desarrollo+ humano+ sostenible+local&hl=es-419&sa=X&ved=0ahUKEwi29qbD4N 7XAhUTAhUTmoMKHQnQBf4Q6AEILDAB#v=onepage&q=desaf%C3% ADos%20del%20desarrollo%20humano%20sostenible%20local&f=true

# MATRIZ FLOR. DIAGNÓSTICO ESTRATÉGICO EN LAS COMUNIDADES PARA EL DESARROLLO HUMANO SUSTENTABLE.


Fidel Moreno Briceño
Elsy Godoy Crespo.


## *Introducción*

La complejidad de las organizaciones en el presente siglo se mantiene y desarrollan en contextos inciertos, cambiantes y turbulentos, tanto de productos como de servicios, por ello se preparan para cumplir su filosofía (Misión, visión, Objetivos, Valores, Cultura) de manera eficaz dentro de sus propósitos, especialmente si tienen políticas y estrategias bien definidas. Sobre este particular las mismas requieren una dirección estratégica las cuales a finales del siglo pasado y primeras décadas del presente se han estudiado realizando diagnósticos y utilizando la Matriz FODA (Fortalezas, Oportunidades Debilidades y Amenazas).

Desde esta perspectiva de las organizaciones, pero con énfasis en las comunidades, sus diagnósticos y estrategias son realizadas por distintos especialistas utilizando la metodología de la Matriz FODA, pero al tratarse de una comunidad sus elementos y factores deben ser distintos dada su complejidad. En este sentido, el objetivo de esta investigación es diseñar la Matriz FLOR (Fortalezas, Limitaciones, Oportunidades y Riesgos), para el diagnóstico estratégico en las comunidades enmarcado en el desarrollo humano sustentable, considerando la modificación en el acrónimo presentado por Grisales, Jorge (2010) para la dirección estratégica de empresas, que si bien es una variante de la Matriz DOFA (Debilidades, Oportunidades, Fortalezas y Amenazas), su aplicación se puede orientar a las comunidades.

La metodología utilizada en esta investigación es bibliográfico documental, la cual permitió argumentar y ajustar el acrónimo FLOR para facilitar los trabajos de indagación y participación de sus principales actores que son los stakeholders con las comunidades, las cuales requieren la elaboración de estrategias y posteriores programas y acciones, para un desarrollo humano sustentable.

La elaboración de la matriz FLOR se sustenta en los argumentos del diagnóstico estratégico los cuales son fundamentales para su diseño, conceptualizándose cada una estas palabras y ampliadas al enfoque sobre el análisis de los factores que favorecen el desarrollo humano sustentable en las comunidades. Se destaca la relevancia del análisis y diagnóstico con la evaluación de las fortalezas y limitaciones que en su conjunto diagnostican la situación interna de una comunidad, así como su evaluación externa, es decir, las oportunidades y los riesgos.

Finalmente, es imprescindible que elaborado el respectivo diagnóstico se redacten las estrategias para el desarrollo humano sustentable de una comunidad, como resultado de la participación de sus principales actores que son los stakeholders, representando los grupos de interés más importantes, además de las alianzas estratégicas y de vinculación con organismos públicos, empresas, Organizaciones no Gubernamentales (ONG), entre otros.

### Diagnóstico estratégico.

La formulación de estrategias a partir de un diagnóstico ha sido fundamental para el análisis estratégico de las comunidades, desde el momento en que Thompson y Strikland (1998) citados por Ponce T. Humberto (2007) establecen que el análisis de Fortalezas, Oportunidades, Debilidades y Amenazas (FODA) estima el efecto que una estrategia tiene para lograr un equilibrio o ajuste entre la capacidad interna de la organización y su situación externa, esto es, las oportunidades y amenazas.". Desde esta perspectiva Fred David (2003) ha sido uno de los seguidores de Thompson y Strikland, acentuando su enfoque ampliamente aplicado en organizaciones tanto públicas como privadas, acuñando el concepto de dirección estratégica definiéndola "… como el arte y la ciencia de formular, implantar y evaluar las decisiones a través de las funciones que permitan a una empresa lograr sus objetivos".

Según este concepto es relevante para las empresas la integración de la gerencia con la mercadotecnia, finanzas, producción, entre otras, en pro del éxito de esta; en este sentido, dirección estratégica según David es sinónimo de planeación estratégica, considerándose esta última en el mundo de los negocios.

Sobre lo antes esgrimido, se supone que si bien las bases conceptuales fundamentadas por tan distinguidos estudiosos sobre diagnósticos empresariales para establecer estrategias en las organizaciones utilizando el diagnóstico FODA que les permitan formular e implantar y evaluar las decisiones favorables a su éxito. Sin embargo, al pretender investigarse a las comunidades organizadas o no organizadas en diferentes sociedades, es menester estudiarlas desde otra perspectiva que aun cuando se puedan asumir algunos factores básicos señalados por Thompson y Strikland (1998) y David Fred (2003), entre otros especialistas de este tema, es significativo efectuar algunas precisiones que al realizarse un diagnóstico comunitario ameritan sus bases conceptuales claras, ya que difieren de las organizaciones empresariales.

En consecuencia, se asumirá el acrónimo FLOR, esgrimido por Grisales, J. (2010) cuyo significado es: Fortalezas, Logros, Oportunidades y Retos; considerando que la Matriz FLOR la presenta como "… variante de la Matriz DOFA, que genera mayor compromiso en el empleado a la hora no sólo de su elaboración, sino de su análisis y ejecución de sus planteamientos". Lo cual está en correspondencia con los principios de David Fred (2003).

Sobre la base de lo antes expresado, se utilizará las mismas siglas del acrónimo FLOR, con ligeras variaciones ajustadas a la realidad de comunidades y no de organizaciones empresariales o públicas; por lo tanto, significará Fortalezas, Limitaciones, Oportunidades y Riesgos. En este sentido, se conceptualizará cada una de estas palabras ampliadas al enfoque sobre el análisis de los factores que favorecen el desarrollo humano sustentable en las comunidades.

### *Matriz FLOR instrumento diagnóstico estratégico en las comunidades.*

Es fundamental precisar un instrumento que permita realizar un diagnóstico estratégico de las comunidades, es por esto que el diseño de la Matriz FLOR servirá como herramienta técnica que permita indagar acerca de los factores más relevantes que favorecen o afectan a los grupos comunitarios; sobre este particular Cortés, y Barbero (2014:156-157) señalan "construir un diagnóstico colectivo mediante el desarrollo de una investigación participativa es una estrategia magnifica en la construcción de ese proyecto común y un excelente pretexto para desarrollar la movilización temprana que necesitan las organizaciones."

Lo expresado por los citados autores coinciden con la relevancia que adquiere un diagnóstico estratégico para las comunidades; en consecuencia, ese diagnóstico colectivo se fundamenta en la participación de los integrantes de una comunidad, toda vez que ellos son los actores permanentes para la construcción de un proyecto común, que resulta de la interacción entre sus miembros.

En relación con esa interacción, Montero, C., Pérez-Angulo, A., Tejerina S. y Vega Y. (2015:31) son enfáticos al expresar "Las personas afectadas por los problemas participan en su definición y en su solución, siendo sujetos activos y protagonistas de un proyecto de desarrollo y transformación de su realidad". En este sentido, se coincide con la postura de estos autores, ya que para el diagnóstico comunitario intervienen los stakeholders, que según Freeman Edward y Reed David (1983) son:

> Cualquier grupo o individuo identificable que pueda afectar el logro de los objetivos de una organización o que es afectado por el logro de los objetivos de una organización (grupos de interés público, grupos de protesta, agencias gubernamentales, asociaciones de comercio, competidores, sindicatos, así como segmentos de clientes, accionistas y otros).

Sustentado en lo antes citado, a los stakeholders en la década de los 80 se les consideraban como los grupos internos de una organización quienes tenían sus propios intereses y en función a sus actividades podían afectar los objetivos de una organización o que a su vez estos los afectaban; desde otra perspectiva más reciente, De Sebastián L. (2007:123) considera

> Las ONG y las comunidades locales son los stakeholders, que menos interesan a los ejecutivos, según un reciente estudio realizado por The Economist siendo los principales grupos de interés para las empresas el trío por los clientes, los empleados y los accionistas.

La postura del citado autor plantea que los stakeholders no solamente están representados por los grupos de interés interno a las organizaciones, sino por el contrario aquellos externos a la misma; por lo tanto, señala que en la identificación de los stakeholders, "deberá tener en cuenta también que las empresas no se sitúan en el centro de estas relaciones, sino que es un actor más en la sociedad y en una red de relaciones que se establece a escala local y global." En consecuencia, los stakeholders representan los grupos de interés más importantes para toda la sociedad y en particular para las organizaciones públicas o privadas, por lo tanto, integra el rol de las relaciones en los ámbitos local, y global.

### El análisis y diagnóstico FLOR

Tal como se señaló en los anteriores párrafos, el acrónimo FLOR significará Fortalezas, Limitaciones, Oportunidades y Riesgos, desde las perspectivas del desarrollo humano sustentable en las comunidades; en este sentido el análisis FLOR consiste en efectuar una evaluación de las comunidades lo más exhaustivamente posible que contribuya a realizar el diagnóstico, detectando los principales problemas a fin de establecer las estrategias más convenientes.

El análisis FLOR se fundamenta en realizar una evaluación de los factores internos de la comunidad (fortalezas y limitaciones) y los externos (oportunidades y riesgos), tal como se evidencia en la Fig. 1. También es una herramienta que puede considerarse sencilla y que permite obtener una perspectiva general de la situación estratégica de una determinada comunidad.

*Figura 1:* **Factores Internos y Externos de la Matriz FLOR**. Fuente: Elaboración propia de los autores.

### *Descripción de los factores internos de la Matriz Flor*

**FORTALEZAS:** El concepto de fortaleza tiene varías acepciones tal como lo define la Real Academia Española (2016) en su diccionario de la Real Academia Española, "Fuerza y vigor. Defensa natural que tiene un lugar o puesto por su misma situación".

Partiendo de esta definición y considerando a las comunidades, se hace referencia a todas las *fortalezas internas* que poseen tales como: *Naturales:* existencia de cursos de agua (ríos, quebradas, lagos, otros) que pueden aprovecharse para sus diversas actividades; áreas boscosas para múltiples uso, zonas protectoras, parque naturales, o áreas bajo régimen de administración especial, áreas verdes para el ornato en zonas urbanas; *Infraestructuras,* de relevancia para la dinámica de sus actividades (Hospitales, Escuelas, Iglesias, Mercados, Alcaldías, Abastos, entre otros); *Normativas,* para la regulación y funcionamiento (Leyes, Ordenanzas, Resoluciones). Son precisamente estas Fortalezas Internas las cuales permitirán a las comunidades hacer frente a los riesgos y a su vez aprovechar ventajas de las oportunidades, permitiéndoles avanzar hacia su desarrollo humano sustentable.

**LIMITACIONES.** Otro factor de la Matriz FLOR se corresponde son las limitaciones, cuyo significado según el Diccionario de la Real Academia Española, es *"Acción y efecto de limitar o limitarse".* Al respecto el concepto señalado evidencia que el verbo limitar está referido a poner límites a algunas cosas, actividades en particular; al interpretarlo se estará refiriendo a poner límites a algo, en este sentido, la noción de límite está relacionada a una línea o demarcación que separa dos unidades espaciales o territorios. No obstante, para este análisis interno de una comunidad, se estará refiriendo a diversas limitaciones que pudiese estar careciendo o que cualitativa o cuantitativamente evidencian un deterioro, déficit, inexistencia, entre otros. (Si existe información estadística se puede precisar mejor su análisis).

Sobre la base de lo antes esgrimido referida a limitaciones en las comunidades, se hace referencia a todas las *limitaciones internas* que poseen tales como: *Infraestructuras*, vías, parques, servicios de agua, electricidad, telefonía, recolección de desechos sólidos; *Normativas*, para la regulación y funcionamiento de las actividades y usos (Leyes, Ordenanzas, Resoluciones); *Inseguridad*; personal o comunitaria que se presentan; *Salud,* producidas por epidemias y contagio de enfermedades, así como de otra índole pero que amerite su relevancia en cuanto al establecimiento de estrategias para el desarrollo humano sustentable.


***Descripción de los factores externos de la Matriz Flor.***

**OPORTUNIDADES:** Al igual que los riesgos representan para la elaboración de la Matriz FLOR los factores externos a las comunidades; en este sentido, la definición de oportunidades tiene varios significados que según la Real Academia Española (2016) en su diccionario de la Real Academia Española la define como "*Momento o circunstancia oportunos o convenientes para algo.*"

Considerando la anterior definición y la necesidad de estudiar las oportunidades de una comunidad, representan escenarios estratégicos que les permitan realizar acciones positivas en las cuales se pueden apoyar para emprender situaciones a través de organismos (Públicos o Privados), Empresas Privadas, (ONG), personas, contextos, sucesos, de forma positiva en el desarrollo y/o cumplimiento de sus objetivos y metas.

Sobre lo antes señalado, se pueden considerar diversas oportunidades que estén alrededor de una comunidad; las cuales son: ***Institucionales***: en el entorno existen organismos públicos que cumplen funciones específicas que tienen competencias gubernamentales (Presupuestos, proyectos, asesorías, seguridad, entre otras); ***Normativas***: se deben considerar las diversas normas Nacionales, Estadales y Municipales (Leyes, Resoluciones, Ordenanzas); ***Empresas:*** La vinculación de las empresas con los stakeholders representan los grupos de interés más importantes para toda la sociedad a través de los cuales se pueden realizar alianzas estratégicas.

Asimismo, se destacan, las Organizaciones no Gubernamentales_(ONG): que dedican sus esfuerzos en pro del desarrollo humano sustentable en las comunidades, protegiendo los derechos humanos y desarrollando programas sociales. Es importante conocer cuáles son los grupos de ciudadanos voluntarios sin fines de lucro en el ámbito internacional, nacional, estadal y local, que trabajan por el interés común, realizando servicios humanitarios o participando a nivel comunitario; es propicio mencionar algunas tales como Rotary Internacional, Amnistía Internacional, Human Rights Watch, Cruz Roja Internacional, Fondo Mundial para la Naturaleza, Greenpeace, Defensores de la Vida Silvestre, entre otras; por tal motivo, es necesario conocer las ONG cercanas a la comunidad.

**RIESGOS:** Otro factor de la Matriz FLOR; se corresponde son los riesgos, que se presentan para su elaboración. Están definidos según el Diccionario de la Real Academia Española (2016), como "Contingencia o proximidad de un daño". Asimismo, lo clasifica de la siguiente manera:

> ***Población de riesgo*** Conjunto de personas que, por sus características genéticas, físicas o sociales, son más propensas a padecer una enfermedad determinada; ***Densidad de población***, número de individuos de la misma especie que viven por unidad de superficie; ***Riesgo de mercado***, incertidumbre para un inversor o entidad financiera, derivada de los cambios que se producen en los mercados. ***Riesgo país***, riesgo total de

una operación financiera asociado a los factores políticos y estructurales del país en el que se realiza. **Riesgo soberano**, riesgo de que el Gobierno de un país no cumpla sus obligaciones.

El análisis de cada elemento del factor riesgo dentro de una comunidad y su entorno permiten evidenciar cuál o cuáles están incidiendo y por ende afectando el interior de la localidad o lugar de una determinada comunidad. En este sentido, se indican por citar algunos ejemplos los siguientes: se considera una *población de riesgo,* enfermedades infectocontagiosas que pudieran poner en riesgo a otras que no estén afectadas, por ejemplo, el virus del Sika, Chikungunya, Dengue, Cólera, entre otras. *densidad de población,* está relacionada con una elevada agrupación de personas en lugares muy pequeños, ocasionando hacinamientos, escasez e inadecuados servicios produciendo riesgos a las personas. *Riesgo de mercado,* son producidos por la inestabilidad financiera en mercados internacionales pero que de una u otra forma afectan a un país y por supuesto repercute en la localidades; *riesgo país,* quizás este riesgo afecta a los anteriores ya que de manera integral todos los factores políticos, económicos, sociales, ambientales, tienen una repercusión colocando a las comunidades en situación vulnerable de riesgo, se incluyen también los *riesgos ambientales* producidos por condiciones geológicas (sismos, maremotos, derrumbes, deslizamientos), *climáticas* (aumento de la temperatura, ondas tropicales, huracanes);.

### *Elaboración de las estrategias para la Matriz FLOR.*

Elaborar las estrategias para el desarrollo humano sustentable de una comunidad, (Figura 2) requiere que ese diagnóstico FLOR antes descrito se lleve a cabo con la participación de los principales actores que son los stakeholders, conformados y representan los grupos de interés más importantes de la comunidad a través de los cuales se pueden realizar alianzas estratégicas, en vinculación con organismos públicos, empresas, ONG, entre otros.

En cuanto a los factores internos de las comunidades en la figura 2 se presenta la Matriz FLOR, en la cual se escriben las Fortalezas (F) que deben enumerarse desde F1 hasta Fn, apoyándose en aspectos tanto cualitativos como cuantitativos. (Si poseen información oficial o elaboran algún instrumento de recolección de información); por ejemplo: Existencia de una escuela y liceo en la comunidad (Barrio, Urbanización, Sector); Adecuado supermercado para satisfacer la demanda de alimentos; Presencia de un organizado Consejo Comunal; el 90% de los ciudadanos saben leer y escribir.

## Estrategias Matriz FLOR

| COMUNIDAD | Fortalezas (F) | Limitaciones (L) |
|---|---|---|
| | F1.<br>F2.<br>.<br>Fn...<br>*Escribir las fortalezas* | L1.<br>L2.<br>.<br>Ln...<br>*Escribir las debilidades* |
| **Oportunidades (O)**<br>O1.<br>O2<br>..<br>On...<br><br>*Escribir las oportunidades* | **Estrategias (F-O)**<br>(F1 / O1)<br>(F2/O2)<br>(F1/O1/O2)<br><br>*Utiliza la(s) fortaleza(s) para obtener ventaja de las oportunidad(es)* | **Estrategias (L-O)**<br>(L1 / O1)<br>(L2/O2)<br>(L1/O1/O2)<br><br>*Superar la(s) limitacion(es) apoyándose en la(s) oportunidad(es)* |
| **Riesgos (R)**<br>R1.<br>R2.<br>..<br>Rn...<br>*Escribir los riesgos* | **Estrategias (F-R)**<br>F1/R1<br>F2/R2<br>F1/R1/R2)<br>(Fn/Rn.....)<br>*Use fortaleza(s) para disminuir riesgo(s)* | **Estrategia (L-R)**<br>(L1/R1)<br>(L2/R2)<br>(L1/R1/R2)<br>(Ln/Rn.....)<br><br>*Reducir limitaciones y evite riesgos* |

*Figura 2:* **Elaboración de Estrategias utilizando la Matriz FLOR**. Fuente: Elaboración propia de los autores.

Por su parte las **Limitaciones (L)** deben enumerarse desde L1 hasta Ln, (Figura 2) igual que las Fortalezas apoyándose en aspectos tanto cualitativos como cuantitativos (Si poseen información oficial o elaboran algún instrumento de recolección de información); por ejemplo: *Inadecuada* recolección de aseo urbano; *inexistencia* de señal de TV por cable; *Precario* servicio de transporte urbano.

En relación a los factores externos de las comunidades representados en la (Figura 2), por las **Oportunidades (O)** deben enumerarse desde O1 hasta On, en este sentido es pertinente apoyarse en aspectos tanto cualitativos como cuantitativos (Si poseen información oficial o elaborar algún instrumento de recolección de información); por ejemplo: *Presencia* de una Alcaldía y Cámara Municipal; Organismos públicos nacionales; *Existencia* de algunas organizaciones privadas y ONG tales como Rotary Internacional, Amnistía Internacional, Human Rights Watch, Cruz Roja Internacional, Fondo Mundial para la Naturaleza, Greenpeace, Defensores de la Vida Silvestre, entre otras, así como de otras cercanas a la comunidad; *Legislación* (Leyes, Resoluciones, Ordenanzas) vigentes que favorezcan a las comunidades.

En relación a los **Riesgos (R)** (Figura 2), al igual que los anteriores factores del diagnóstico se corresponde enumerar desde R1 hasta Rn, en este sentido deben apoyarse en aspectos tanto cualitativos como cuantitativos (Si poseen información oficial o elaborar algún instrumento de recolección de información); por ejemplo: *Indiferencia* de organismos oficiales para mejoramiento de la seguridad; *Presencia* de bandas delictivas; *Alto riesgo sísmico*; *Vulnerabilidad* por enfermedades infectocontagiosas.

Posteriormente al diagnóstico de los factores internos (Fortalezas – Limitaciones) y los externos (Oportunidades – Riesgos), se procede a combinar: (F-O); (L-O); (F-R); (L-R); tal como se observa en la figura 2. En este sentido se redactan las respectivas estrategias haciendo uso de cada elemento de la siguiente manera.

✓ Estrategias (F-O): Utiliza la(s) fortaleza(s) para obtener ventaja de las oportunidades.

✓ Estrategias (L-O): Superar la(s) limitación(es) apoyándose en la(s) oportunidades.

✓ Estrategias (F-R): Usar la fortaleza(s) para disminuir riesgos.

✓ Estrategia (L-R): Reducir limitaciones y evitar riesgos.

Finalmente, con la redacción de las respectivas estrategias siguiendo la Matriz FLOR, se podrán emprender y desarrollar programas y acciones para cada una en plazos de tiempo que se determinen, permitiéndose la realización de sus correspondientes evaluaciones.

### *A manera de conclusiones*

La utilización de estrategias a partir de un diagnóstico ha sido fundamental para el análisis estratégico de las comunidades, y si bien las bases conceptuales fundamentadas por tan distinguidos estudiosos sobre diagnósticos empresariales para el establecimiento de estrategias en las organizaciones públicas y privadas a través del diagnóstico y matriz FODA que les permitía la formulación, implantación y evaluación de las decisiones favorables a su éxito; sin embargo, al pretender investigarse a las comunidades organizadas o no organizadas en diferentes sociedades, es menester estudiarlas desde otra perspectiva, aun cuando se puedan asumir algunos factores básicos orientados a las empresas, señalados por Thompson y Strikland (1998) y Fred D. (2003).

Sobre lo antes expresado es fundamental precisar un instrumento que permita realizar un diagnóstico estratégico de las comunidades, argumentos fundamentales para el diseño de la Matriz FLOR la cual servirá como herramienta técnica para la indagación de los factores más relevantes que favorecen o afectan a los grupos comunitarios, fundamentado en lo señalado por Cortés, y Barbero (2014), quienes consideran que para la construcción de un diagnóstico colectivo mediante el desarrollo de una investigación participativa, es una estrategia magnifica la construcción de ese proyecto común sobre las necesidades de las comunidades.

El acrónimo FLOR significará Fortalezas, Limitaciones, Oportunidades y Riesgos desde las perspectivas del desarrollo humano sustentable en las comunidades; en este sentido el análisis FLOR consiste en una evaluación de las comunidades lo más exhaustivamente posible que permita la realización del diagnóstico, detectando los principales problemas a fin de establecer las estrategias más convenientes

Es fundamental que después del diagnóstico se elaboren o redacten las estrategias para el desarrollo humano sustentable de una comunidad, lo cual requiere de la participación de sus principales actores que son los stakeholders, representando los grupos de interés más importantes de la comunidad, a través de los cuales se pueden realizar alianzas estratégicas, en vinculación con organismos públicos, empresas, ONG, entre otros.

## REFERENCIAS


Cortés, Ferran y Barbero Josep. (2014). *Trabajo comunitario, organización y desarrollo social*. Madrid España. Editorial Alianza

De Sebastián Luis (2007). *Responsabilidad social de la empresa*, Volumen 146. Madrid. Editores Cáritas

Fred David (2003). *Conceptos de administración estratégica*. Novena edición. México. Pearson Educación.

Freeman E. y Reed D. (1983). *Stockholders and Stakeholders: A New Perspective on Corporate Governance*. California Management Review, Spring 25(3):88- 106.

Grisales, Jorge (2010). *Matriz de análisis FLOR. Una variación importante de la Matríz DOFA*. Fundación Universitaria Autónoma de las Américas. Medellín. Colombia.

Montero, C., Pérez-Angulo, A., Tejerina S. y Vega Y. (2015). *Contextos sociales de intervención comunitaria*. Primera edición. España. Editorial Paraninfo. S.A.

Ponce Talancón Humberto (2007) *La matriz FODA: Alternativa de diagnóstico y determinación de estrategias de intervención en diversas organizaciones*. Revista Enseñanza e investigación en psicología vol. 12, num. 1: 113-130 enero-junio, 2007.

Real Academia Española (2016) *Diccionario de la Real Academia Española*. Recuperado de http://www.rae.es/

# UNA RETROSPECTIVA A LA NORMATIVA AMBIENTAL Y SU PERSPECTIVA PARA EL DESARROLLO HUMANO SUSTENTABLE EN VENEZUELA

Fidel Moreno Briceño

## Introducción

Realizar una retrospectiva a la normativa ambiental para el caso venezolano, amerita la conformación de un equipo interdisciplinario no solamente de profesionales del Derecho, sino por el contrario, incorporar a Geógrafos, Ingenieros Forestales, Agrónomos, Economistas, Urbanistas, Arquitectos, entre otros, pero con experiencia práctica de la realidad ambiental, toda vez que no se debe ceder ese espacio a equipos de asesores de un Congreso o recientemente una Asamblea Nacional.

Sobre este particular, deseo plasmar en esta Conferencia una inquietud como Profesional de la Geografía y sobretodo Venezolano conocedor de este tema tan hermoso pero controversial la cual intitulo "Una retrospectiva a la normativa ambiental y su perspectiva para el desarrollo humano sustentable en Venezuela" que apenas podría calificar como mirada al pasado de los avances positivos de nuestra legislación desde la Constitución de la República de Venezuela del año 1961 (Figura 1), pasando hasta la actual Constitución de la República Bolivariana de Venezuela del año 1999, tiempo que marca una cronología de relevancia para nuestro país en muchos campos, pero en este caso me voy a referir a los progresos y el estancamiento de nuestras leyes para contribuir el desarrollo humano sustentable en Venezuela.

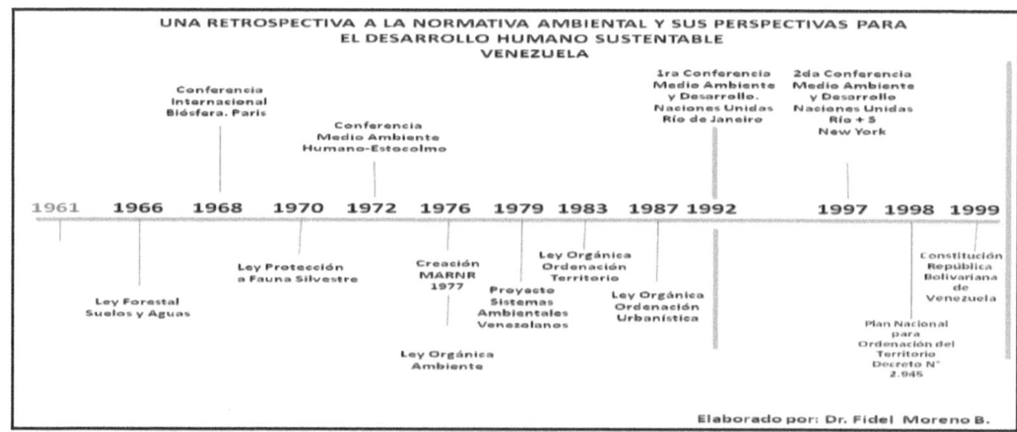


*Figura 1:* **Cronología de la normativa ambiental** (Constitución 1961). Fuente: Elaboración propia del autor.

Primeramente, deseo acotar que la Constitución de 1961, en su Artículo 106 expresaba como precepto Constitucional sobre el ambiente, lo siguiente: "El Estado atenderá a la defensa y conservación de los recursos naturales de su territorio, y la explotación de los mismos estará dirigida primordialmente al beneficio colectivo de los venezolanos." quizás para algunos profesionales y en particular los políticos siempre han señalado en los últimos quince (15) años, que la derogada Carta Magna no contenía un artículo referido a la preservación y conservación de los recursos naturales, pues bien, dicho artículo es contundente al referirse a la prioridad sobre el ambiente.

En consecuencia, y atendiendo a ese precepto Constitucional en nuestro país los Senadores y Diputados, con apoyo de expertos Profesionales y equipos interdisciplinarios permitieron preparar y aprobar diversas leyes, tales como la Ley Forestal de Suelos y de Aguas publicada en Gaceta Oficial de la República de Venezuela Número 1.004 Extraordinario, Caracas, 26 de enero de 1966, que en su Título I Disposiciones Generales  Capitulo único, reza en su Artículo 1° "La presente Ley regirá la conservación, fomento y aprovechamiento de los recursos naturales que en ella se determinan y los productos que de ellos se derivan".

Con la aprobación de la mencionada ley se da inicio al cumplimiento del precepto Constitucional de 1961; y demás leyes por mencionar algunas: Ley de Protección a la Fauna Silvestre, Ley Orgánica del Ambiente, Ley Orgánica para la Ordenación del Territorio, Ley Orgánica de Ordenación Urbanística, así como de otras leyes especiales, reglamentos, etc. fortaleciendo y dinamizando nuestro Derecho Ambiental. Es propicio destacar que entre 1968 y 1972, Venezuela se une a los primeros movimientos ambientalistas organizados en el mundo tales como fueron la Primera Conferencia Internacional de la Biósfera con sede en Paris y la Conferencia de las Naciones Unidas sobre el Medio Humano en Estocolmo, respectivamente.

Es oportuno destacar algunas de las conclusiones de la Conferencia Internacional sobre la utilización racional y de la Conservación de los Recursos de la Biosfera, realizada en Paris, que establecen:

✓       La necesidad de lograr un uso de los recursos de la biosfera compatible con su conservación, como base para el desarrollo sostenible.

✓       Poner en marcha un programa de investigación de carácter interdisciplinario, que incluyera la activa participación de la población en la conservación de los recursos naturales.

Dicho programa fue concebido inicialmente, como una herramienta de aplicación en los países en desarrollo, si bien, su alcance no se restringió a éstos. Según Naciones Unidas (1987) es el llamado Informe Brundtland, acuñó por primera el concepto de desarrollo sostenible, definido como [...] *aquel que satisface las necesidades del presente sin comprometer las necesidades de las futuras generaciones* [...], estableciendo las pautas a seguir en las futuras reuniones y las políticas de las naciones en el mundo.

En relación a la Conferencia de las Naciones Unidas sobre el Medio Ambiente Humano realizada en Estocolmo, Suecia, entre el 5-16 de junio de 1972, surge una importante declaración que incluye en la agenda política internacional la dimensión ambiental como acondicionadora y limitadora del modelo tradicional de crecimiento económico y del uso de los recursos naturales, en dicha declaración se aprueban 24 principios, sin embargo, a los efectos de esta conferencia deseo remitirme a los Principios 2, 11 y 12 que señalan lo siguiente.

> **Principio 2** "Los recursos naturales de la tierra, incluidos, el aire, el agua, la tierra, la flora y la fauna y especialmente muestras representativas de los ecosistemas naturales, deben preservarse en beneficio de las generaciones presentes y futuras mediante una cuidadosa *planificación u ordenación*, según convenga.
>
> **Principio 11**: Las políticas ambientales de todos los Estados deberían estar encaminadas a aumentar el potencial de crecimiento actual o futuro de los países en desarrollo y no deberían coartar ese potencial ni obstaculizar el logro de mejores condiciones de vida para todos. Los Estados y las organizaciones internacionales deberían tomar las disposiciones pertinentes con miras de llegar a un acuerdo para hacer frente a las consecuencias económicas que pudieran resultar, en los planos nacional e internacional, de la aplicación de medidas ambientales
>
> **Principio 12**: Deberían destinarse recursos a la conservación y mejoramiento del medio, teniendo en cuenta las circunstancias y las necesidades especiales de los países en desarrollo y cualesquiera gastos que pueda originar a estos países la inclusión de medidas de conservación del medio en sus planes de desarrollo, así como la necesidad de prestarles, cuando lo soliciten, más asistencia técnica y financiera internacional con ese fin.

Los citados principios están orientados a fortalecer las políticas y estrategias de los países en el mundo para el beneficio de las generaciones presentes y futuras mediante una cuidadosa planificación u ordenación, entre otros, por lo tanto un eslabón importante que se debe acatar de estos principios es la planificación y ordenación del territorio, a fin de poder cumplir esa políticas y estrategias para el desarrollo humano sustentable; en consecuencia, deseo manifestar mi preocupación de cómo en nuestro país se inició con buen pié el cumplimiento de estos principios y con el transcurrir del tiempo las perspectivas son distintas.

Después de estas importantes Conferencias antes señaladas, en nuestro país, el Congreso de la República en 1976 promulga la Ley Orgánica del Ambiente, cuyas Disposiciones Generales señalan:

**Artículo 1.** La presente Ley tiene por objeto establecer dentro de la política del desarrollo integral de la Nación los principios rectores para la conservación, defensa y mejoramiento del ambiente en beneficio de la calidad de la vida.

**Artículo 2.** Se declaran de utilidad Pública la conservación, la defensa y el mejoramiento del ambiente

**Artículo 3.** A los efectos de esta Ley, la conservación, defensa y mejoramiento del ambiente comprenderá:

1. La ordenación territorial, y la planificación de los procesos de urbanización, industrialización, poblamiento y desconcentración económica, en función de los valores del ambiente.

2. El aprovechamiento racional de los suelos, aguas, flora, fauna, fuentes energéticas y demás recursos naturales, continentales y marinos, en función de los valores del ambiente;

3. La creación, protección, conservación y mejoramiento de parques nacionales, reservas forestales, monumentos naturales, zonas protectoras, reservas de regiones vírgenes, cuencas hidrográficas, reservas nacionales hidráulicas; refugios, santuarios y reservas de faunas silvestres, parques de recreación a campo abierto o de uso intensivo, áreas verdes en centros urbanos o de cualesquiera otros espacios sujetos a un régimen especial en beneficio del equilibrio ecológico y del bienestar colectivo;

4. La prohibición o corrección de actividades degradantes del ambiente;

5. El control, reducción o eliminación de factores, procesos o componentes del ambiente que sean o puedan ocasionar perjuicios a la vida del hombre y de los demás seres;

6. La orientación de los procesos educativos y culturales a fin de fomentar conciencia ambiental;

7. La promoción y divulgación de estudios e investigaciones concernientes al ambiente;

8. El fomento de iniciativas públicas y privadas que estimulen la participación ciudadana en los problemas relacionados con el ambiente;

9. La educación y coordinación de las actividades de la Administración Pública y de los particulares, en cuanto tengan relación con el ambiente;

10. El estudio de la política internacional para la defensa del ambiente, y en especial de la región geográfica donde está ubicada Venezuela.

11. Cualesquiera otras actividades que se consideren necesarias al logro del objeto de esta Ley.

Esta ley específicamente en su artículo 1 numeral 1 es muy específica en relación con el cumplimiento de la *ordenación territorial, y la planificación* para los procesos de urbanización, poblamiento, industrialización, y desconcentración económica, en función de los valores del ambiente, que favorezcan el desarrollo humano sustentable.

Una importante decisión la asumió el Estado Venezolano en 1977 con la creación del Ministerio del Ambiente y de los Recursos Naturales Renovables, con principios y estrategias muy bien definidas en concordancia con la Constitución, la Conferencias de las Naciones Unidas y la promulgada Ley Orgánica del Ambiente (1976). Entre los mencionados principios y estrategias se destacan.

**Principios**. La concepción de la Política Ambiental Venezolana se construyo considerando los siguientes principios:

✓      La complejidad del Ambiente requiere de un tratamiento integral ambiente y desarrollo deben ser compatibles.

✓      Cada estadio de desarrollo engendra sus propios problemas ambientales y requiere soluciones propias.

✓      Todos los hombres tienen derecho a condiciones ambientales adecuadas.

✓      Las necesidades del desarrollo exigen los límites del daño ambiental permisible.

✓      El aprovechamiento autosostenido de los recursos naturales renovables.

✓      La calidad del ambiente es el resultado del comportamiento de todos los ciudadanos

Debe fomentarse la colaboración internacional, el fortalecimiento del Derecho Ambiental Internacional y la atención preferencial a los problemas ambientales de los países de menor nivel de desarrollo.

**Estrategias**.

Las estrategias en aquel momento para la ejecución de los principios fueron:

✓      Incorporación de la dimensión ambiental en la política de desarrollo del país.

✓ Formalizar la Planificación Ambiental como parte del Sistema Nacional de Planificación. V Plan de la Nación.

✓ Incluir en la Ley Orgánica del Ambiente, la formulación del Plan Nacional de Conservación, Defensa y Mejoramiento del Ambiente.

Destaca el papel de los procesos de Ordenamiento Territorial. Estrategia que se concreta posteriormente con la promulgación de la Ley Orgánica para la Ordenación del Territorio, sancionada según Gaceta Oficial de la República de Venezuela Número 3.238 Extraordinario del 11 de agosto de 1983.

Sobre la base de lo antes esgrimido se inició un importante Proyecto en coordinación con las Naciones Unidas(1979) conocido como Sistemas Ambientales Venezolanos Proyecto Ven/79/001, en el cual se realizó un inventario y caracterización de los recursos naturales renovables y no renovables, aspectos socioeconómicos, así como la problemática ambiental de Venezuela y sus regiones, sirviendo de información base para la elaboración y aprobación de los Planes de Ordenación del Territorio, acatando lo establecido en la Constitución de la República de Venezuela, la Ley Orgánica del Ambiente (1976), así como la Ley Orgánica para la Ordenación del Territorio (1983). Esta última entre sus disposiciones generales señala:

> Artículo 1°.- La presente Ley tiene por objeto establecer las disposiciones que regirán el proceso de ordenación del territorio en concordancia con la estrategia de Desarrollo Económico y Social a largo plazo de la Nación.
> Artículo 2°.- A los efectos de esta Ley, se entiende por ordenación del  territorio de regulación y promoción de la localización de los asentamientos humanos, de las actividades económicas y sociales de la población, así como el desarrollo físico espacial, con el fin de lograr una  armonía entre el mayor bienestar de la población, la optimización de la explotación y uso de los recursos naturales y la protección y valorización del medio ambiente, como objetivos fundamentales el desarrollo integral.

Asimismo, en su TITULO II De la Planificación de la Ordenación del Territorio. CAPITULO I Disposición General, establece en su Artículo 8° La planificación de la ordenación del territorio forma parte del proceso de planificación del desarrollo integral del país, por lo que todas las actividades que se desarrollan a los efectos de la planificación de la ordenación del territorio deberán estar sujetas a las normas que rijan para el Sistema Nacional de Planificación, una vez éstas establecidas

Esta ley Orgánica además de otras leyes, con el apoyo del Estado Venezolano sustentaron la elaboración de esos planes de ordenación, es así como la Gobernación del Estado Trujillo (1993) en la Gaceta Oficial Extraordinaria del Estado Trujillo Decreto P-32 del 15 de septiembre de 1993 se aprueba el Plan Estadal de Ordenación del Territorio, siendo a nivel nacional uno de los primeros.

Es menester señalar que estos y otros estudios, estaban en sintonía con los resultados generados a nivel mundial de eventos en materia ambiental, especialmente el de las Naciones Unidas cuando organizaron en 1992, la Primera Conferencia sobre Medio Ambiente y Desarrollo, con sede en Río de Janeiro, en la misma se destaca la Proclama de 27 Principios. A los efectos de mi Conferencia me referiré al *Principio 11* que es muy específico al discurso esgrimido en los párrafos anteriores, el cual expresa:

> Los Estados deberán promulgar leyes eficaces sobre el medio ambiente. Las normas, los ***objetivos de ordenación y las prioridades ambientales*** deberían reflejar el contexto ambiental y de desarrollo al que se aplican. Las normas aplicadas por algunos países pueden resultar inadecuadas y representar un costo social y económico injustificado para otros países, en particular los países en desarrollo.

Este principio es muy preciso con relación a su cumplimiento con los *objetivos de ordenación y las prioridades ambientales*, en cada país y particularmente en Venezuela, que en 1998 según Decreto N° 2.945 se aprueba el Plan Nacional para la Ordenación del Territorio cuyas disposiciones generales en el Capítulo I establecen:

> **Artículo 1.** Objetivo general del plan. El Plan Nacional de Ordenación del Territorio tiene como objetivo orientar la localización de la población, de las actividades económicas y la infraestructura física, armonizando criterios de crecimiento económico, desarrollo social, seguridad y defensa y conservación del ambiente, basado en el conocimiento de las potencialidades y restricciones especificas de cada ámbito geográfico.

A partir de la aprobación de la Constitución de la República Bolivariana de Venezuela en 1999 (Figura 2), con relación al Derecho Ambiental y el Desarrollo Sustentable, se amplía un poco más en comparación con la Constitución de 1961 obviamente con toda la experiencia acumulada de casi cuatro décadas, en este sentido se le incorpora un Capitulo IX referido a los derechos ambientales según reza en los siguientes artículos.

**Artículo 127.** Es un derecho y un deber de cada generación proteger y mantener el ambiente en beneficio de sí misma y del mundo futuro. Toda persona tiene derecho individual y colectivamente a disfrutar de una vida y de un ambiente seguro, sano y ecológicamente equilibrado. El Estado protegerá el ambiente, la diversidad biológica, los recursos genéticos, los procesos ecológicos, los parques nacionales y monumentos naturales y demás áreas de especial importancia ecológica.

**Artículo 128**. El Estado desarrollará una política de ordenación del territorio atendiendo a las realidades ecológicas, geográficas, poblacionales, sociales, culturales, económicas, políticas, de acuerdo con las premisas del desarrollo sustentable, que incluya la información, consulta y participación ciudadana. Una Ley Orgánica desarrollará los principios y criterios para este ordenamiento.

**Artículo 129**. Todas las actividades susceptibles de generar daños a los ecosistemas deben ser previamente acompañadas de estudios de impacto ambiental y socio cultural.

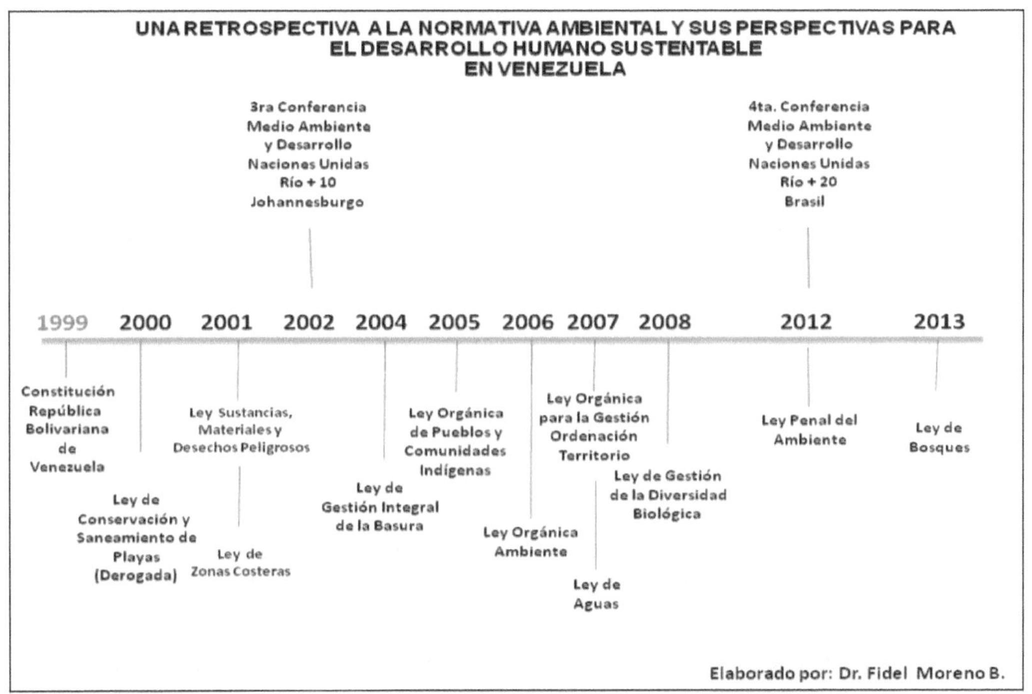


*Figura 2:* **Cronología de la normativa ambiental en el marco de la ordenación del territorio** (Constitución 1999). Fuente: Elaboración propia del autor.

Es así como Venezuela entra en una nueva fase del derecho ambiental y el desarrollo humano sustentable, sin embargo, nuestros legisladores de la nueva Asamblea Nacional sobre lo tipificado en el artículo 128 en el cual señala *"Una Ley Orgánica desarrollará los principios y criterios para este ordenamiento".* En cumplimiento a este mandato, el 01 de septiembre de 2005, se publica en *Gaceta Oficial Nº 5.820,* la *Ley Orgánica para la Planificación y Gestión de la Ordenación del Territorio,* la cual, en Disposición Derogatoria Única, deroga la Ley Orgánica para la Ordenación del Territorio (publicada en Gaceta Oficial Nº 3.238 Extraordinario del 11 de agosto de 1983).

La *Ley Orgánica para la Planificación y Gestión de la Ordenación del Territorio, publicada en la Gaceta Oficial Nº* 5.820 del 01 de septiembre de 2005, debió haber entrado en vigencia el 1º de marzo de 2006. Sin embargo, el 1º de septiembre de 2006, se publica la *Ley de Reforma Parcial de la Ley Orgánica para la Planificación y Gestión de la Ordenación del Territorio,* la cual en su Artículo 1 establece "Se modifica la Disposición Final Cuarta, en la forma siguiente: *Vigencia de esta Ley…* Esta Ley entrara en vigencia el 28 de febrero de 2007", existiendo por lo tanto una nueva vacatio legis, de la Ley Orgánica para la Ordenación del Territorio.

Es así como la entrada en vigencia de la Ley *Orgánica para la Planificación y Gestión de la Ordenación del Territorio* nunca ocurrió por cuanto fue varias veces diferida y formalmente derogada por la *"Ley Orgánica Derogatoria de la Ley Orgánica para la Planificación y Gestión de la Ordenación del Territorio",* publicada en Gaceta Oficial 38.633 de fecha 27 de febrero de 2007

En conclusión, estamos en un dilema de tipo legal al derogarse una Ley de tanta importancia desde el punto de vista Constitucional y las directrices de las Naciones Unidas, además de todos esos estudios y aprobación de Planes de Ordenación del Territorio en nuestro país anteriormente señalados; en consecuencia, ¿Con la *Ley Orgánica Derogatoria de la Ley Orgánica para la Planificación y Gestión de la Ordenación del Territorio",* publicada el 27 de febrero de 2007, la *Ley Orgánica de Ordenación del Territorio* del año 1983 entraría en vigencia desde el 28 de febrero de 2007?, ésta y otras interrogantes pudiesen formularse pero con la participación de los nuevos- Profesionales del Derecho y a través de equipos interdisciplinarios como señalé al principio, podrán corregirse estos vacíos legales que violan la Constitución de la República Bolivariana de Venezuela y todo ese legado de varias décadas, considerando que de no asumir este reto las perspectivas para el desarrollo humano sustentable en Venezuela son poco esperanzadoras.

**REFERENCIAS**

Asamblea Nacional (1999) *Constitución de la República Bolivariana de Venezuela*. Publicada en Gaceta Oficial N° 5.908 Extraordinario, de fecha 19 de febrero de 2000. Recuperado de http://www.mp.gob.ve/LEYES/constitucion/constitucion1.html

*Constitución de la República de Venezuela* (1961) Publicada en Gaceta Oficial No. 662. Extraordinario, de fecha 23 de enero de 1961. Enmienda No. 1 de la Constitución (1973). Publicada en Gaceta Oficial No. 1585 Extraordinario, de fecha 11 de mayo de 1973. Enmienda No. 2 de la Constitución (1983). Publicada en Gaceta Oficial Número 3.119, Extraordinario, de 26 de marzo de 1983. Recuperado de http://historico.tsj.gob.ve/legislacion/constitucion1961.pdf

Gobernación del Estado Trujillo (1993) *Plan de Ordenación del Territorio Estado Trujillo*. Gaceta Oficial Extraordinaria del Estado Trujillo. Decreto P-32 del 15 de septiembre de 1993. Ministerio del Ambiente y de los Recursos Naturales Renovables. Secretaría Técnica. Trujillo.

El Congreso de la República de Venezuela *Ley de Protección a la Fauna Silvestre (1970)*. Publicada en la Gaceta Oficial de la República de Venezuela N° 29.289. Caracas, martes 11 de agosto de 1970. Recuperado de https://docs.venezuela.justia.com/federales/leyes/ley-de-proteccion-de-la-fauna-silvestre.pdf

El Congreso de la República de Venezuela. *Ley Forestal de Suelos y de Aguas (1966)*. Publicada en la Gaceta Oficial de la República de Venezuela N° 1.004 Extraordinario, Caracas, 26 de enero de 1966. Recuperado de http://www.igvsb.gob.ve/documentos/consultoria_juridica/LEYES_ESPECIALES/LEY_FORESTAL_DE_SUELOS_Y_AGUAS.pdf

El Congreso de la República de Venezuela Ley Orgánica de Ordenación Urbanística (1987). Publicada en la Gaceta Oficial de la República de Venezuela N° 33.868 de fecha 16 de diciembre de 1987. Recuperado de http://www.ucv.ve/fileadmin/user_upload/auditoria_interna/Archivos/Material_de_Descarga/Ley_Organica_de_Ordenacion_Urbanistica_-_33.868.pdf

El Congreso de la República de Venezuela *Ley Orgánica del Ambiente* (1976). Publicada en la Gaceta Oficial N° 31.004 de fecha 16 de Junio de 1976. Recuperado de http://www.oas.org/dsd/fida/laws/legislation/venezuela/venezuela_1976.pdf

El Congreso de la República de Venezuela *Ley Orgánica para la Ordenación del Territorio* (1983). Gaceta Oficial de la República de Venezuela N° 3.238 Extraordinario de fecha 11 de agosto de 1983. Recuperado de http://www.ucv.ve/fileadmin/user_upload/auditoria_interna/Archivos/Material_de_Descarga/Ley_Organica_para_la_Ordenacion_del_Territorio_-_3.238_E.pdf

Naciones Unidas (1973) *Informe de la Conferencia de las Naciones Unidas sobre el medio humano.* Estocolmo. Recuperado de http://www.un.org/es/development/devagenda/sustainable.shtml

Naciones Unidas (1987) *Desarrollo y Cooperación Económica Internacional: Medio Ambiente.* Informe de la Comisión Mundial sobre el Medio Ambiente y el Desarrollo.

Naciones Unidas (2002) *Conferencia de las Naciones Unidas sobre el Medio Ambiente y el Desarrollo.* Recuperado de http://www.un.org/spanish/conferences/wssd/unced.html

Naciones Unidas y Ministerio del Ambiente (1979) *Sistemas Ambientales Venezolanos.* Proyecto Ven/79/001. Versión preliminar. Caracas.

# AGENDA 21 PARA EL DESARROLLO HUMANO SUSTENTABLE, ¿GLOBAL O LOCAL?

Fidel Moreno Briceño
Elsy Godoy Crespo

**Introducción.**

El desarrollo humano sustentable ha sido durante más de cuatro décadas el centro de estudio impulsado por diferentes organizaciones, grupos ambientalistas, como las Naciones Unidas, Club de Roma, entre otras, quienes impulsaron los primeros eventos a nivel global, destacándose la Conferencia Internacional de la Biósfera en París y del Medio Humano en Estocolmo, siguiendo importantes conferencias como Primera Conferencia del Medio Ambiente y Desarrollo de las Naciones Unidas celebrada en Río de Janeiro en 1992, pasando por Río + 5 en Washington 1997, Río + 10 en Johannesburgo 2002 y Río + 20 en Río de Janeiro 2012.

Considerando los resultados de estos inicios sobre el estudio de los problemas ambientales a nivel global, se destaca es este artículo la vigencia y relevancia de la Agenda 21 que surgió Primera Conferencia del Medio Ambiente y Desarrollo de las Naciones Unidas celebrada en Río de Janeiro en 1992, y que si bien su orientación se percibe como global, sin embargo las Naciones Unidas señala que los problemas y las soluciones señalados en la Agenda o Programa 21, se relacionan con las actividades locales en la que se deben involucrar a las comunidades y cooperación de las autoridades locales para el logro de los objetivos del Programa.

En este sentido, nuestra postura se identifica con el enfoque y argumentos de González F. (2013:81) referido a lo local "... lugar es el espacio donde mejor pueden concretarse las iniciativas para el desarrollo humano sustentable...se debe hacer desde el Municipio que es la entidad político – territorial autónoma por excelencia para la gestión pública del lugar." Toda vez que la entidad política – territorial de nuestro país es el municipio desde el marco Constitucional (art. 127-128 y 168) y demás leyes, en consecuencia, son las comunidades quienes con su activa participación exijan el cumplimiento de la Constitución y la Agenda 21, que les permita contar con un Programa 21 Local para el desarrollo Humano Sustentable.

## *Agenda 21 para el desarrollo humano sustentable*

Iniciar una reflexión acerca de un tema tan importante pero controversial, como el desarrollo humano sustentable desde una perspectiva global y local, considerando los objetivos del milenio, amerita echar un vistazo a cuatro décadas de estudios y eventos cuya retrospectiva permiten al ser humano y particularmente a los estudiosos de este tema, analizar los aciertos y errores que a casi medio siglo se pueden evidenciar apoyadas en experiencias globales y locales, tal como lo señala González, F (2013:19–25) "La globalización es quizás, el más visible de los cambios que ocurren en estos tiempos de turbulencia y velocidad." Sin embargo, lo local "… es el desarrollo de las localidades, con claros rasgos de su identidad, pero con una fuerte vinculación con lo planetario"; de esta interesante afirmación, abordar la posibilidad de una nueva agenda para el desarrollo humano sustentable merece analizar y reflexionar si es conveniente seguir con una agenda establecida globalmente por una localmente, considerando que ha transcurrido aproximadamente medio siglo.

A fin de echar un vistazo a cuatro décadas de estudios y eventos, es propicio destacar desde las primeras iniciativas hasta las más recientes, en este sentido, una ONG llamada el Club de Roma fundada en 1968 por un pequeño grupo de científicos y políticos preocupados por el futuro del planeta; analizaron y concluyeron en su informe presentado en 1972 titulado "Los límites del crecimiento" en el cual según (Meadows et al,1972 citados por Turner G. 2007:37) presentaron la problemática global del desarrollo humano sustentable enmarcadas en cinco subsistemas: población, producción de alimentos, producción industrial, contaminación y el consumo de recursos tanto naturales como no renovables.

Sobre lo antes esgrimido, se puede considerar esta iniciativa como la agenda preliminar, toda vez que propició la idea del desarrollo de los países en el mundo no solo desde un punto de vista del desarrollo económico, sino ambiental; como resultado de reuniones técnicas, en los cuales esos subsistemas analizados reflejaron los grandes problemas ambientales a nivel global, que siguen vigentes hasta nuestros días, sin soluciones evidentes por parte de los gobiernos, sino por el contrario se le han agregado otros problemas de carácter estructural, cuya brecha se amplía entre países desarrollados y subdesarrollados.

En consecuencia, entre 1968 y 1972 se realizaron dos eventos de gran trascendencia para propiciar e impulsar los esfuerzos en el mundo por un desarrollo humano sustentable a nivel global, destacándose las Conferencias

Internacional de la Biósfera en París y del Medio Humano en Estocolmo, de este último evento se destacan de las Naciones Unidas (1973) su proclama y principios que representaron el marco de referencia para las restantes décadas, en este sentido, es preciso, destacar algunos términos de la misma:

> El hombre es a la vez obra y artífice del medio que lo rodea, el cual le da el sustento material y le brinda la oportunidad de desarrollarse intelectual, moral, social y espiritualmente.

> La protección y mejoramiento del medio humano es una cuestión fundamental que afecta al bienestar de los pueblos y al desarrollo económico del mundo entero, un deseo urgente de los pueblos de todo el mundo y un deber de todos los gobiernos.

> El hombre debe hacer constantemente recapitulación de su experiencia y continuar descubriendo, inventando, creando y progresando.

> En los países en desarrollo, la mayoría de los problemas ambientales están motivados por el subdesarrollo.

> El crecimiento natural de la población plantea continuamente problemas relativos a la preservación del medio, y se deben adoptar normas y medidas apropiadas, según proceda, para hacer frente a esos problemas.

> Hemos llegado a un momento de la historia en que debemos orientar nuestros actos en todo el mundo atendiendo con mayor solicitud a las consecuencias que puedan tener para el medio.

> Para llegar a esa meta será menester que ciudadanos y comunidades, empresas e instituciones, en todos los planos, acepten las responsabilidades que les incumben y que todos ellos participen equitativamente en la labor común.

Evidentemente que la proclama es muy clara y contundente, por cuanto coloca en el centro al hombre como artífice del medio que lo rodea para la protección y mejoramiento del ser humano en todo lo que afecte a su progreso, en consecuencia, el crecimiento de la población y sus actividades económicas acrecientan los problemas relativos a la preservación del medio, por tanto es menester adoptar normas y medidas apropiadas en cada país según su propia realidad para hacerle frente a esos problemas, en este sentido, se requiere adoptar una agenda para su desarrollo que oriente la adecuada planificación y el ordenamiento territorial.

Sobre la base de la mencionada proclama es propicio destacar que en la misma se presentan veinticuatro (24) principios fundamentales sobre el medio humano, ofreciendo a las naciones del mundo inspiración y orientación para preservar y mejorar el entorno ambiental; en este sentido, a manera de argumentos básicos de los referidos principios a la agenda para el desarrollo humano sustentable, se destacan:

Principio 1: El hombre tiene el derecho fundamental a la libertad, la igualdad y el disfrute de condiciones de vida adecuadas en un medio de calidad tal que le permita llevar una vida digna y gozar de bienestar, y tiene la solemne obligación de proteger y mejorar el medio para las generaciones presentes y futuras.

Principio 2: Los recursos naturales de la tierra, incluidos, el aire, el agua, la tierra, la flora y la fauna y especialmente muestras representativas de los ecosistemas naturales, deben preservarse en beneficio de las generaciones presentes y futuras mediante una cuidadosa planificación u ordenación, según convenga.

Principio 4: El hombre tiene la responsabilidad especial de preservar y administrar juiciosamente el patrimonio de la flora y la fauna silvestre y su hábitat, que se encuentren actualmente en grave peligro por una combinación de factores adversos.

Principio 5: Los recursos no renovables de la Tierra deben emplearse de forma que se evite el peligro de su futuro agotamiento y se asegure que toda la humanidad comparta los beneficios de tal empleo.

Principio 8: El desarrollo económico y social es indispensable para asegurar al hombre un ambiente de vida y trabajo favorable y crear en la Tierra las condiciones necesarias para mejorar la calidad de la vida.

Principio 11: Las políticas ambientales de todos los Estados deberían estar encaminadas a aumentar el potencial de crecimiento actual o futuro de los países en desarrollo y no deberían coartar ese potencial ni obstaculizar el logro de mejores condiciones de vida para todos.

Principio 13: A fin de lograr una más racional ordenación de los recursos y mejorar así las condiciones ambientales, los Estados deberían adoptar un enfoque integrado y coordinado de la planificación de su desarrollo, de modo que quede asegurada la compatibilidad del desarrollo con la necesidad de proteger y mejorar el medio humano en beneficio de su población.

Principio 15: Debe aplicarse la planificación a los asentamientos humanos y a la urbanización con miras a evitar repercusiones perjudiciales sobre el medio y a obtener los máximos beneficios sociales, económicos y ambientales para todos. A este respecto deben abandonarse los proyectos destinados a la dominación colonialista y racista.

Principio 17: Debe confiarse a las instituciones nacionales competentes la tarea de planificar, administrar o controlar la utilización de los recursos ambientales de los Estados con el fin de mejorar la calidad del medio.

Principio 19: Es indispensable una labor de educación en cuestiones ambientales, dirigida tanto a las generaciones jóvenes como a los adultos y que presente la debida atención al sector de población menos privilegiado, para ensanchar las bases de una opinión pública bien informada y de una conducta de los individuos, de las empresas y de las colectividades inspirada en el sentido de su responsabilidad en cuanto a la protección y mejoramiento del medio en toda su dimensión humana.

Principio 20: Se deben fomentar en todos los países en desarrollo, la investigación y el desarrollo científicos referentes a los problemas ambientales, tanto nacionales como multinacionales.

Principio 23: Toda persona, de conformidad con la legislación nacional, tendrá la oportunidad de participar, individual o colectivamente, en el proceso de preparación de las decisiones que conciernen directamente a su medio ambiente y, cuando éste haya sido objeto de daño o deterioro, podrá ejercer los recursos necesarios para obtener una indemnización.

Sustentados en esos principios, de los cuales posteriormente fueron ratificados en la primera Conferencia Medio Ambiente y Desarrollo Naciones Unidas Río de Janeiro de Río (más adelante se detallará), es necesario señalar que los mismos están fundamentados en la protección y conservación del medio para las generaciones presentes y futuras, lo cual significa que la planificación u ordenación del territorio se debe realizar a largo plazo, y en consecuencia, evitar el peligro de un futuro agotamiento en la mayoría de los recursos naturales y no renovables.

Desde otra perspectiva pero no menos importante, el desarrollo económico y social son indispensables para asegurar al hombre un ambiente de vida y trabajo favorable a objeto de crear en la Tierra las condiciones necesarias para mejorar la calidad de la vida; de allí la importancia que revisten las políticas ambientales de todos los Estados a nivel global, encaminadas a desarrollar el potencial de crecimiento actual o futuro de los países, para lo cual las instituciones nacionales les compete la tarea de planificar, administrar o controlar la utilización de los recursos ambientales en sus países, con el fin de mejorar la calidad del medio como bases de una agenda global.

## *Conferencias Medio Ambiente y Desarrollo, bases de una agenda global y local.*

Reflexionando sobre lo antes esgrimido, en el escenario global y como resultado de las Conferencias Internacionales de la Biósfera y del Medio Humano en París y Estocolmo respectivamente, se inició a partir de 1992 la primera Conferencia Medio Ambiente y Desarrollo Naciones Unidas celebrada en Río de Janeiro, también conocida como "Cumbre de la Tierra" también considerada sin precedentes en lo relativo a su alcance y tamaño ya que participaron 108 jefes de Estado y gobiernos, aproximadamente cuatrocientos representantes de organizaciones no gubernamentales (ONG), más de 17.000 personas asistieron al foro en cual se aclara el concepto de desarrollo sustentable que según la Comisión Mundial sobre Medio Ambiente y Desarrollo (1987, citado por Moreno F. 2003) se define " Desarrollo sustentable es aquel que puede lograr satisfacer las necesidades y las aspiraciones del presente, sin comprometer la capacidad de las generaciones futuras de satisfacer sus propias necesidades y aspiraciones."; de igual forma también contribuyó a los gobiernos a nivel mundial replantearse las condiciones para un desarrollo económico conducente a detener la destrucción de los recursos naturales y la contaminación ambiental mundial, entre, otros temas.

En esta primera conferencia, se destacan documentos de gran importancia global, entre los que se pueden mencionar la Declaración de Río de Janeiro sobre el Medio Ambiente y Desarrollo, Convención sobre la Diversidad Biológica, la Agenda 21 o Agenda para el Cambio, Declaración sobre los Bosques y masas forestales y la Convención marco sobre el Cambio Climático. Sin embargo, a los efectos de este trabajo se pretende analizar la Agenda 21 por considerarla de interés para la aplicación de la Declaración de Río de Janeiro sobre el Medio Ambiente y Desarrollo como punto de partida de una Agenda Global que todos los países debían seguir, cuyos resultados se verían progresivamente en el largo plazo.

La ratificación en la Cumbre de Río de los principios aprobados en la Conferencia de las Naciones Unidas sobre el Medio Humano, en Estocolmo, formalizaron para el mundo junto con la Agenda 21 un objetivo que permitió establecer una alianza global de equidad y cooperación entre los diferentes instituciones y personas importantes, cuyos acuerdos permitiesen el respeto mutuo, la integridad del ambiente y el desarrollo mundial.

Sobre lo antes expresado destaca la relevancia de la Agenda 21 como un programa detallado de acciones que deben ser emprendidos a nivel mundial, nacional y local, tanto por entidades de la Organización de las Naciones Unidas (ONU), los Gobiernos de sus estados miembros, en todas las áreas en las que ocurren impactos humanos sobre el medio ambiente; es oportuno señalar que 21 hace referencia al siglo XXI como un horizonte temporal en el cual la Agenda deberá cumplirse.

Debido a lo extenso de la mencionada Agenda, no se presentan los detalles de sus cuatro secciones: Sección I. Dimensiones sociales y económicas, Sección II. Conservación y gestión de los recursos para el desarrollo, Sección III. Fortalecimiento del papel de los grupos principales y Sección IV. Medios de ejecución; solamente se destacan las iniciativas de las autoridades locales en apoyo del Programa 21 incluida la sección del fortalecimiento del papel de los principales grupos que en sus bases de acción establece las Naciones Unidas (2013)

> Como tantos de los problemas y de las soluciones de que se ocupa el Programa 21 se relacionan con las actividades locales, la participación y cooperación de las autoridades locales constituirán un factor determinante para el logro de los objetivos del Programa. Las autoridades locales se ocupan de la creación, el funcionamiento y el mantenimiento de la infraestructura económica, social y ecológica, supervisan los procesos de planificación, establecen las políticas y reglamentaciones ecológicas locales y contribuyen a la ejecución de las políticas ambientales en los planos nacional y subnacional. En su carácter de autoridad más cercana al pueblo, desempeñan una función importantísima en la educación y movilización del público en pro del desarrollo sostenible.

Estas iniciativas de las autoridades locales en apoyo al Programa o Agenda 21 representan un eslabón importante para el establecimiento y ejecución de políticas coherentes sobre el desarrollo humano sustentable, toda vez que los gobiernos locales constituyen la autoridad más cercana al pueblo y por ende su conjunta participación favorecen el logro de los objetivos del programa. En este sentido, como se ha destacado en los párrafos anteriores la Agenda 21 en la práctica se ha identificado como una Agenda global, sin embargo, tiene preeminencia en lo local, pero con el transcurrir del tiempo se fortalece más como global, a pesar de que en sus fundamentos y acciones se deben alcanzar lo local.

Sobre la base de lo antes expresado, González F. (2013: 33) es categórico al expresar "La insuficiencia se ha materializado con la abundancia bibliográfica producida sobre el tema de lo global frente a la relativamente escasa de lo local" la postura del citado autor con la que nos identificamos es elocuente, toda vez que los problemas y sus soluciones de la agenda 21 existen allí, unos más graves que otros pero en definitiva se deben estudiar para lograr los objetivos de un programa local, ya que la intensidad de esos problemas son determinantes a lo global.

Es propicio destacar algunas referencias relevantes de aplicación de la agenda 21 en el mundo, tales como el Proyecto de Redes de Ciudades Sostenibles de Andalucía iniciado en el año 2002, según Wikipedia.org (2013), el programa da ayudas a los municipios integrantes para que promuevan una serie de medidas con el objetivo de hacer que el municipio en cuestión mejore la calidad del medio ambiente urbano, se promueva la conservación de los recursos naturales y una mejora progresiva de la calidad ambiental. En este marco de ideas, se destaca lo siguiente:

> Suecia se puede considerar como el país pionero en implantar la A21L, ya que la rápida difusión de la Agenda 21 en el país, fundamentalmente, a escala local, donde los 288 municipios suecos se han comprometido en adoptarla, le ha convertido en un referente a nivel europeo y mundial. (Aguado, Itziar et al ,2007:111-112)

Por su parte Noruega, es otro de los países que ha dado un fuerte impulso a la Agenda 21, especialmente en los últimos años, de tal manera que más de la mitad de los municipios han realizado ya sus Planes de Acción. En Holanda, se destaca un amplio abanico de experiencias y proyectos (pueblos ecológicos, actividades de educación ambiental), desarrollados desde la década de los setenta. Entre tanto, el Reino Unido ha sorprendido al resto de países por su rápida respuesta a la Agenda 21 local al presentar la primera Estrategia Nacional de Desarrollo Sostenible en el año 1993 y la segunda la cual fue aprobada en 1999 con el objetivo de integrar el Desarrollo Sostenible en el resto de las políticas, tal como lo vienen desarrollando Alemania, Austria, Francia, Italia y Portugal, entre otros (Aguado, Itziar et al (2007).

Para Latinoamérica, el escenario en cuanto a la aplicación de la Agenda 21 a nivel local no ha tenido la suerte de impulsar y desarrollar un adecuado programa, según Itziar et al (2007) la situación de nuestro continente es un tanto distinto toda vez que

... los grandes retos sociales y económicos a los que se enfrenta la región son los que hacen peligrar, continuamente, el cuidado medioambiental, puesto que, la problemática que, a menudo, envuelve a los municipios es muy distinta a la de los países desarrollados."

Desde esta perspectiva expresada por el citado autor, se evidencia como Latinoamérica y particularmente Venezuela después de cuatro décadas no presenta avances significativos con relación a este tema, sin embargo, según ONU – HABITAT (2009) existen experiencias relevantes aisladas tales como en Beberibe, Ponta Pora, Marabá, y Piranhas en Brasil; Chiclayo, Arequipa, Lima y Callao en Perú; Loja, Esmeraldas, entre otras. Reviste importancia los resultados de las Naciones Unidas a través del Consejo Internacional de Iniciativas Locales Relativas al Medio Ambiente, en un estudio acerca de la instrumentación de la agenda ambiental local en 1800 gobiernos locales de 64 países. Asimismo:

Se identificaron 181 casos de puesta en marcha de estos instrumentos en países en desarrollo y en transición. El caso más destacable para América Latina corresponde a Bolivia, siendo más reciente la existencia de estos programas en Brasil, Colombia y Perú. En estos países se cuenta tanto con agendas nacionales como locales, mientras en otros de la región se comprobó que sólo algunas ciudades habían desarrollado sus programas. (CEPAL, 2001: 91-92):

Como se puede demostrar en los argumentos presentados, la realidad Latinoamericana y particularmente en Venezuela respecto a la aplicación de la Agenda 21 local no se vislumbra en el corto plazo una voluntad política tanto nacional, regional y local que articule las acciones necesarias para la minimización y corrección de los principales problemas ambientales urbanos, hacia alcanzar el desarrollo humano sustentable. En consecuencia, es oportuno formularse interrogantes tales como: ¿Es posible el desarrollo humano sustentable siguiendo una agenda global? ¿Cuál será la mejor estrategia para lograr implementar la agenda 21 y en particular una Agenda local? ¿Para qué han servido las Conferencias mundiales sobre el medio ambiente humano? ¿Será necesario o posible invertir la aplicación de una agenda local a una global?, quizás las respuestas a estas y otras más interrogantes deben ser respondidas por las propias comunidades con su participación.

En este sentido, se requiere una mayor autonomía de los gobiernos locales y acentuar su importancia a las políticas ambientales, cuyos ciudadanos participen de manera activa conjuntamente con los organismos públicos y empresas privadas, para desarrollar y aplicar una Agenda 21 local, que contribuya al desarrollo armónico del lugar en que habitan, para resolver las necesidades económicas y sociales de la gente, tal como lo señala González, F, (2013:81) "… lugar es el espacio donde mejor pueden concretarse las iniciativas para el desarrollo humano sustentable…se debe hacer desde el Municipio que es la entidad político – territorial autónoma por excelencia para la gestión pública del lugar."

En consecuencia, pudiésemos suponer el impulso de una nueva agenda para el desarrollo humano sustentable local e integral, dado que los resultados en más de cuatro décadas evidenciadas desde las primeras conferencias hasta las más recientes sus efectos si bien siguen siendo los mismos, quizás estaríamos percibiendo un retroceso fundamentalmente en los países latinoamericanos. Por lo tanto, una activa participación de todos los involucrados en nuestra sociedad (Gobiernos, Empresas, Universidades, Comunidades) contribuirá hacer posible elaborar una Agenda 21 Local para nuestros Municipios dentro del marco Constitucional (art. 127-128 y 168) que tanto lo necesitan para cumplir no solo con este aspecto de la Agenda 21, sino el resto de acuerdos señalados desde la Primera Conferencia del Medio Ambiente y Desarrollo de las Naciones Unidas celebrada en Río de Janeiro en 1992, pasando por Río + 5 en Washington 1997, Río + 10 en Johannesburgo 2002 y Río + 20, en Río de Janeiro 2012.

### *A manera de conclusión*.

De las reflexiones realizadas en el presente ensayo, y siguiendo la postura que señala González F. (2013) en cuanto a la escasez de bibliografía sobre lo local, y en particular sobre la Agenda 21, en contraposición a una abundancia bibliográfica producida sobre el tema de lo global, se presentan a manera de conclusiones las siguientes:

Los municipios como unidades político primarias de la organización nacional en Venezuela y otros países en Latinoamérica desarrollen con la participación de las Comunidades sus respectivas Agendas o Programas 21, para el desarrollo humano sustentable, que permita mejorar la calidad del medio ambiente urbano, promueva la conservación de los recursos naturales y una mejora progresiva de la calidad ambiental.

Es fundamental impulsar una nueva agenda para el desarrollo humano sustentable local e integral, dado que los resultados en más de cuatro décadas evidenciadas desde las primeras conferencias hasta las más recientes, sus efectos si bien siguen siendo los mismos, quizás estaríamos percibiendo un retroceso fundamentalmente en los países latinoamericanos.

Es necesario e imprescindible establecer adecuadas estrategias a fin de lograr una activa participación de todos los involucrados en nuestra sociedad, (Gobiernos, Empresas, Universidades, Comunidades), quienes tienen la obligación de cumplir con lo establecido en la Constitución y demás leyes.

En la próxima Conferencia del Medio Ambiente y Desarrollo Naciones Unidas (Río+25), la Agenda 21 Local debe ser un tema a tratar con mucha profundidad, desde la perspectiva de las experiencias en los países europeos, con miras a que Latinoamérica en las próximas décadas avancen en el cumplimiento de la misma.

## REFERENCIAS


Aguado, Itziar et al (2006) *Implantación de la Agenda 21 Local en las distintas regiones del mundo: Divergencias en Ritmos y Enfoques. VIII reunión de economía mundial.* Revista Geographicalia, 51, 107-131 Recuperado de http://altea.daea.ua.es/ochorem/cpmunicaciones/MESA/ Comunicaciones/MESA2COM/AguadoBarrutiaEcheba.pdf

CEPAL (2001). *El espacio regional: hacia la consolidación de los asentamientos humanos en América Latina y el Caribe.* Libros de la CEPAL, 60 (LC/G.2116/ Rev.1-P). Santiago de Chile: Naciones Unidas.

González, F (2013) *Lugarización.* Mérida. Venezuela. Fondo Editorial Universidad Valle del Momboy.

Moreno Fidel (2003) *¿Es posible el desarrollo sustentable? Reflexiones desde una perspectiva de principios y ética ambiental.* Valera Estado Trujillo.

Naciones Unidas (1973) *Informe de la Conferencia de las Naciones Unidas sobre el Medio Humano. Declaración de Estocolmo. Declaración de la Conferencia de las Naciones Unidas sobre el medio ambiente humano. New York.* Recuperado de http://www.dipublico.com.ar/conferencias/ medio humano /A-CONF.48-14-REV.1.pdf

Naciones Unidas (2013) *Programa 21.* Departamento de asuntos económicos sociales. División de desarrollo sostenible. Recuperado de http://www.un.org/spanish/esa/sustdev/agenda21/agenda21spchapter28.htm

ONU – HABITAT (2009) *Planificación y gestión ambiental urbana*. Oficina Regional para América Latina y el Caribe. En http://www.onuhabitat.org/index.php?option=com_docman&task=cat_view&gid=71&Itemid=72

Turner, G (2007) A comparasion of the limits togrowth with thirty years of reality. CSIRO Sustainable Ecosystems. Australia.

Wikipedia.org (2013) *Ciudad 21*. Recuperado de http://es.wikipedia.org/wiki/Ciudad_21#_provincia_de_Almer.C3.ADa

# DESARROLLO HUMANO SOSTENIBLE Y TECNOLOGÍA DE LA INFORMACIÓN EN LAS EMPRESAS: RECURSOS HUMANOS COMO ESTRATEGIA

Fidel Moreno Briceño
Elsy Godoy Crespo.

## Introducción

En este siglo XXI las empresas requieren ajustarse a los nuevos cambios en todos sus aspectos, pero debe considerarse el apoyo de su recurso humano como el más valioso; en este sentido se desarrolló este trabajo cuya metodología utilizada fue la revisión documental más actualizada considerándose el enfoque del Centro Latinoamericano para el Desarrollo, la Integración y Cooperación (CELADIC) para abordar el tema del desarrollo humano sostenible, que articulado a los avances de las tecnologías de información, los recursos humanos requieren ser percibidos como una estrategia en las empresas para enfrentar diversos desafíos y respuestas ante problemas sociales, económicos, políticos. Se estructuró de la siguiente manera: los recursos humanos como factor estratégico; el desarrollo humano sostenible y sus desafíos; cinco dimensiones para el desarrollo sostenible integral del recurso humano en las empresas; finalmente las tecnologías de la información y los recursos humanos como estrategia en las empresas.

### *Los Recursos humanos como factor estratégico.*

Los rápidos cambios que se evidencian en el mundo se ubican entre las últimas décadas del siglo XX y lo que va del siglo XXI, cambios en el orden social, político, económico, cultural, tecnológico y ambiental, percibiéndose progreso y desarrollo en algunos países pero estancamiento y retrasos en otros; desde esta perspectiva es importante destacar que las empresas con el transcurrir del tiempo han propiciado cambios en sus estructuras, inversiones, tecnologías, mercados, entre otros para ser más eficientes y competitivas en ambientes más globalizados; sin embargo tal como lo expresa Moreno, F y Godoy, E. (2012) "… el recurso humano como centro de la dinámica empresarial ha sido poco considerado y valorado ante esos cambios, aun cuando la extensa literatura de las ciencias administrativas a lo largo de más de un siglo manifiestan que el recurso humano es el activo más valioso"

En consecuencia, es necesario que el recurso humano se considere un factor estratégico determinante no sólo el ambiente de la empresa, tal como lo señala Chiavenato I (2007:27) en su Modelo "Organización, Ambiente de Trabajo y Ámbito General", en el cual considera los estratos macro y micro ambiente, sino que además, se debe extender más allá de la empresa, a un estrato de supra ambiente que según Moreno, F y Godoy, E (2012:26) está conformado por todas las características ambientales que la rodean, reafirmando lo que De Cenzo y Robbins(2006:32) definen como la Aldea Global, "… al estado de relaciones comerciales en el mundo". Desde este contexto, para el PNUD (2011:18), las empresas deben crecer y desarrollarse articulando esas relaciones comerciales, financieras, y producción con las premisas del desarrollo humano sostenible y el enfoque central de la agenda de desarrollo mundial.

Es primordial que las organizaciones empresariales articulen su filosofía, misión, visión, objetivos y estrategias de manera integral con el desarrollo humano sostenible, que según PNUD (2011:18) es "…la expansión de las libertadas fundamentales de las actuales generaciones mientras realizamos esfuerzos razonables para evitar el riesgo de comprometer gravemente las libertades de las futuras generaciones."

En este sentido, el factor estratégico clave es el recurso humano que según (Mathis y Jackson, 2008) citado por Moreno, F. y Godoy, E., 2012) "… reflejan el pensamiento o inteligencia, conocimiento, creatividad y toma de decisiones que contribuyan a la organización". Sobre la base de esta cita se puede deducir que el recurso humano como factor estratégico se alcanza cuando se invierte en cada talento para mejorar la calidad de sus productos o servicios; por lo tanto, los actuales avances en las Tecnologías de la Información (TI), sistemas electrónicos, exigen al recurso humano su fortalecimiento como parte de su propiedad intelectual, lo cual representa el capital intelectual de cada individuo en las organizaciones. Con base a lo antes esgrimido, se puede afirmar que los avances en las TI representan importantes desafíos para la gestión de los recursos humanos y sus exigencias estratégicas debido a los acelerados cambios tecnológicos y del desarrollo humano sostenible.

### *El desarrollo humano sostenible y sus desafíos.*

El desarrollo por lo general debe considerarse en un contexto de integración, en el cual todas las partes se articulen, y fundamentalmente al ser humano; en este sentido, el Centro Latinoamericano para el Desarrollo, la Integración y Cooperación (CELADIC, 2009) considera "En una nueva síntesis humana, integral, inclusiva y sostenible sobre los derechos humanos y la humanidad deben ser simultáneos e inseparables...". Por lo tanto, asumimos la postura del CELADIC, al abordar el tema del desarrollo humano sostenible, que ligado a los avances de las TI, los recursos humanos requieren ser percibidos como una estrategia en las empresas para enfrentar diversos desafíos y respuestas ante problemas sociales, económicos, políticos, ecológicos y medio ambientales, desde un contexto local hasta global.

Parafraseando al CELADIC (2009) se puede considerar al recurso humano, como centro vital y finalidad del desarrollo como constructor de una sociedad que trascienda su comunidad y empresa capaz de concebir el desarrollo sostenible, con el uso de las TI como herramientas estratégicas. Sobre esta afirmación pudiésemos considerar tres elementos fundamentales que deben integrarse alrededor del recurso humano en las organizaciones, tales como: Empresa-Tecnologías de la Información-Desarrollo Sostenible. (Grafico. 1)

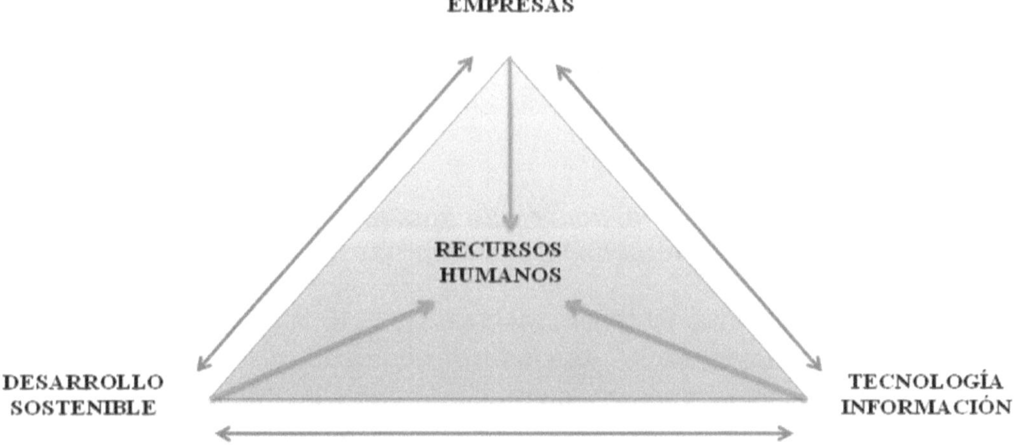


*Grafico 1* **Elementos fundamentales integradores de los recursos humanos en las organizaciones.** Fuente: Elaboración propia de los autores (2015)

En el Grafico 1 se representa como los recursos humanos en una organización deben ser el centro de todas las actividades y la adecuada integración de los tres componentes contribuyan a destacar lo que en esencia (2012) "... constituye el activo más importante y, por ende, el que más atención demanda"; quizás el desafío para la mayoría de las empresas en el desarrollo sean su capital financiero, económico, no obstante, su reto debe fundamentarse en la integración de sus innovaciones a través de las nuevas tecnologías y las exigencias del desarrollo sostenible, tal como lo expresa Cabrera, R (2013) "En el marco de la actual sociedad del conocimiento, el desarrollo sostenible de una región requiere la presencia de unas condiciones tales que faciliten y promuevan su desarrollo científico-tecnológico para un crecimiento socio-económico sostenible". Sobre la base de lo antes citado es importante que las empresas concentren su inversión hacia el talento humano, capital intangible que Bernárdez (2008:194) considera "La acumulación del capital intangible, humano y social es a la vez una característica y una causa del desarrollo económico."

Desde esta perspectiva las empresas deberán asumir las estrategias adecuadas para capacitar y desarrollar a sus recursos humanos en lo relativo a las TI no solo en la aplicación de computadores o equipos de telecomunicación, para almacenar, transmitir y operar, en el contexto general de la empresa, sino por el contrario el desarrollo de tecnologías limpias, innovación tecnológicas, biotecnologías, adopción de nuevas tecnologías, generación de nuevos conocimientos, tal como lo señala Mehruz K. (2015:21) las "Tecnologías de la Información y la Comunicación (TIC) pueden conducir a la adopción el desarrollo social, económico y humano si las TIC se sustentan en el marco de una gerencia de información para sostenibilidad de la empresa y su entorno".

### *Cinco dimensiones para el desarrollo sostenible integral del recurso humano en las empresas.*

La sostenibilidad a la que se refiere Mehruz K, (2015:21) fundamentada en la adopción del desarrollo social, económico y humano, debe ser más amplia en ese contexto en el cual las empresas juegan un rol importante, cuyo recurso más valioso es su recurso humano, a través del cual se debe invertir en su talento humano que permita dinamizar una economía con rostro humano que según Alonso, J (2007) " es la adopción de valores y principios compartidos de un rostro humano al mercado mundial" contribuyendo a que las empresas definan sus estrategias y acciones.

Sobre la base de lo antes expresado, consideramos que las empresas deben asumir en su fundamento de sostenibilidad una visión integral en torno a su recurso humano. El CELADIC (2009) considera "... las empresas deben formarse para ponerla efectivamente al servicio de las necesidades y del progreso humano,..."; en este sentido, hace énfasis "... con una clara centralidad en la persona humana y en todas sus dimensiones: ético-cultural, económica, social, política, medio ambiental.", las cuales deben percibirse de manera articulada con los fundamentos de la empresa y las tecnologías de la información, pero fundamentado en el Desarrollo Humano Sostenible como un recurso estratégico. (Grafico 2)

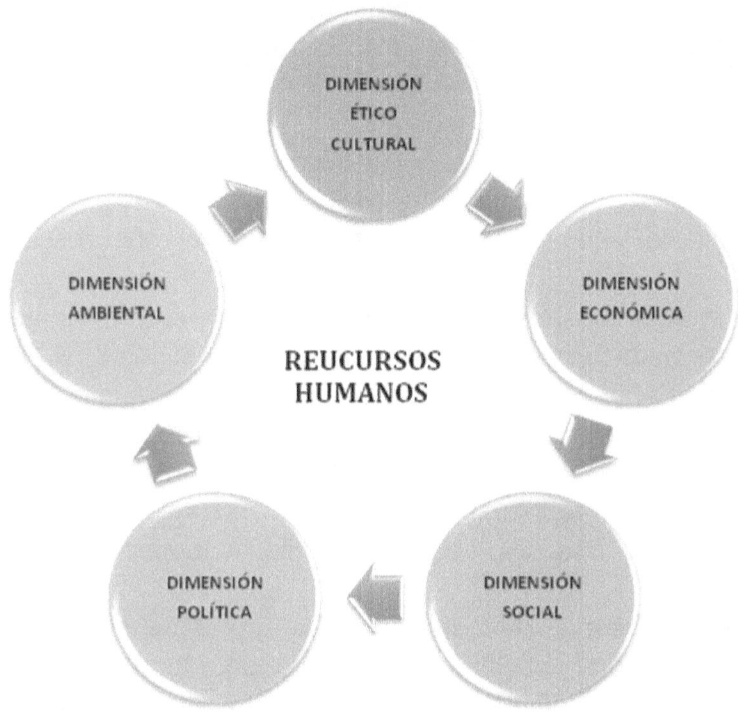


*Grafico.2* **Cinco dimensiones para el desarrollo sostenible integral del recurso humano en las empresas**. Fuente: Elaboración propia de los autores (2015)

Lo presentado en el Grafico 2, corresponde conceptualmente a las dimensiones para el desarrollo sostenible integral del recurso humano en las empresas.

***Dimensión Ético–Cultural***.- Las empresas como agrupación de personas deben asumir compromisos éticos en la que sus miembros respeten sus principios y valores que eviten en sus actividades la degradación de su medio ambiente, combatir la corrupción, inadecuadas prácticas laborales, entre otros aspectos, al respecto Caldas M., Guillermo L., Reyes C. (2012) expresan al referirse a la ética empresarial como "…conjunto de actividades que quedan fuera del ámbito de gestión y control directo de la empresa, pero sobre las cuales se puede influir de algún modo a través de su actividad."

En consecuencia, la cultura empresarial representa el complemento a la ética como un referente ideológico formado por las creencias, principios, valores y normas, que deben ser asumidos por todos los recursos humanos de una empresa, que, según Caldas M., Guillermo L., Reyes C. (2012) "… constituye el espíritu personal de la empresa." Por lo tanto, la cultura representa un factor estratégico para relacionar en la empresa los avances sobre las TICS y las políticas sobre el desarrollo sostenible. Desde nuestra perspectiva no solamente debemos fortalecer la cultura individual u organizacional, sino también una cultura ambiental que dé respuesta en sus actividades, procesos, a fin de asumir una postura empresarial con responsabilidad ambiental.

En relación a la ética a nivel empresarial, es un tema relativamente reciente, tal como lo afirman Camacho, I, Fernández, J y Miralles, J. (2005:236) "…sólo algunos de los manuales más recientes sobre ética empresarial incluyen el tratamiento implícito de esta cuestión." No obstante, la conducta ética del recurso humano expresa Guédez, V (2006:166) "… funciona al asumir la ética como cualidad humana asumida en grupos y organizaciones.", en este sentido ambas se complementan para esta dimensión.

***Dimensión Económica***. - Para una empresa esta dimensión representa el elemento clave en la productividad, no obstante, para lograr altos estándares de calidad, eficiencia, eficacia y productividad, según Fernández, R, (2013:60) "…involucrar al personal, es imprescindible que este mejore sus conocimientos." Al asumir la postura del citado autor, debemos mencionar en esta Dimensión al Talento Humano como Capital Intangible, que según Bernárdez M. (2008:194) "La acumulación de capital intangible, humano y social es a la vez una característica y una causa del desarrollo económico." Por tanto, el mejoramiento de los conocimientos del recurso humano en la empresa se adquiere a través del tiempo en la organización transformándose en valor para la misma, evidenciándose en la calidad de sus servicios y productos.

Las empresas como sistema social, conformado por individuos, grupos, estructuras y tecnologías, deben orientar sus actividades económicas cuya interacción favorezca el desarrollo sostenible, en este sentido, el mejoramiento continuo de la capacitación, entrenamiento y adiestramiento de su recurso humano para alcanzar su eficacia, deben responder a los avances de las TICS en función al respeto del micro, macro y supra ambiente de las empresas, de tal manera que su imagen y resultados económicos la transformen en una empresa con rostro humano.

***Dimensión Social.*** - Esta dimensión está estrechamente integrada a los elementos humanos del individuo en la empresa representado por todos los activos en los cuales la organización invierte y se evidencia en: salud, vivienda, productividad, valores éticos, calidad de trabajo y educación, sobre este aspecto (Schultz 1959, 1961, 1963, citado por Sevilla 2004) señala que la mayor calidad del trabajo proviene de la educación y formación de los recursos humanos. En tal sentido, esta dimensión social, para Pérez A, Marcuello S. y Moneva J. (2007:213), estará representada por el "… conjunto de relaciones que establece una organización, un grupo o red de personas la cual permite movilizar o acceder a los distintos recursos tanto materiales como inmateriales considerados disponibles y factibles por esos mismos sujetos."

Es importante agregar en esta dimensión, la Responsabilidad Social tanto corporativa como individual, ya que ambas se complementan, en lo concerniente a la salud y seguridad en el trabajo, desarrollo profesional, igualdad de derechos, negociación colectiva y oportunidad de hombres y mujeres, así como el respeto al medio ambiente. Al respecto Ventura, E y Delgado S.(2012:67) se refieren a la Responsabilidad Social Corporativa Interna, como "…un elemento cohesionador, motivador y propiciador del buen clima laboral, lo que genera, en corto plazo, una mayor productividad y compromiso por parte de los trabajadores…" agregan los citados autores "…puede transformarse en una eficiente estrategia de recursos humanos, ya que sus dimensiones de gestión están estrechamente vinculadas con la gestión de los procesos de recursos humanos".

Esta dimensión se aproxima a lo que algunos autores denominan capital social concepto que tiene muchos significados tales como los de  Kliksberg, B y el Institute for Latin Américan Integratión (2000:9) quienes consideran, el capital social en su campo no tiene una definición consensualmente aceptada, en cuyo contexto, realidad y delimitación existen imprecisiones más generalizadas, no obstante, asumimos como postura en esta dimensión a lo expresado por Etkin, J (2007:8) quién alude a un potencial y capacidad que desea para la organización en cuanto a sus dimensiones humanas y cultura, en estas incluyen lo siguiente: capacidad de colaborar y trabajar en equipo, ambiente de confianza en los comportamientos, clima de estabilidad en el empleo, respeto a los principios éticos, acceso a la educación,. Con relación a esto último es necesario que las empresas vayan al ritmo de los avances de las TI, para favorecer su desarrollo humano sostenible.

***Dimensión Política.***- Las empresas están obligadas a elaborar una serie de políticas que les faciliten su productividad, rentabilidad y sostenibilidad a objeto de hacerlas más competitivas en un ambiente global; sin embargo al referirnos a los recursos humanos por lo general no responden a sus demandas y exigencias, en este sentido, la dimensión política desde una perspectiva del desarrollo humano sostenible y las tecnologías de la información, se debe sustentar en: derechos humanos, responsabilidad compartida, calidad de vida laboral, formación y aprendizaje, progreso y desarrollo personal.

Los derechos humanos son un tema que a nivel empresarial no han sido adoptados en ningún tratado, solo algunas iniciativas y experiencias por parte de grupo de trabajos liderados por la Organización de las Naciones Unidas que en un informe de la Alta Comisionada de Derechos Humanos en el año 2015, citada por De La Cuesta, M. y Muñoz, M (2010:25) señaló "hay necesidad de poner a punto unos instrumentos para ayudar a las empresas a cumplir con sus responsabilidades" además se recomendó que se mantuviera una Subcomisión a fin de continuar estas iniciativas sobre las empresas y los derechos humanos.

Por su parte la responsabilidad compartida, es un elemento fundamental para la construcción y desarrollo en el entorno laboral que permita al recurso humano asumir un compromiso con su trabajo y contribuya al éxito de su empresa. La calidad de vida laboral representa uno de los principales desafíos de las empresas en el siglo XXI, la cual está relacionada a la higiene y seguridad que favorezcan y garanticen que el recurso humano trabaje en condiciones adecuadas y seguras, tanto en lo personal como de materiales y equipos, a fin de mantener su salud, establecido por la Organización Mundial de la Salud (OMS), como el estado total de bienestar físico, mental y social, o ausencia de males o enfermedades

La formación y aprendizaje deben ser una prioridad en cada empresa que valore su recurso humano, ya que las Tecnologías de la Información desde una perspectiva del desarrollo humano sostenible deben ampliarse en cuanto a sus conocimientos, habilidades y destrezas, cuyas fuentes básicas de dicho aprendizaje estarán sustentadas en la experiencia en los puestos de trabajo. El progreso y desarrollo personal, representa el patrón de referencia que recibe el recurso humano en las empresas, se trata de la retroalimentación sobre su desempeño y objetivos alcanzados, en este sentido, se deben aplicar herramientas y procesos tales como: evaluación del desempeño, guía de progreso y desarrollo, y la evaluación 360°.

***Dimensión Ambiental.-*** Si bien todas las anteriores dimensiones conforman aspectos importantes para el desarrollo humano sostenible, esta dimensión cierra el círculo (Figura 2) conformando el entorno de las empresas que

Moreno, F y Godoy, (2012), consideran como el supra ambiente de las organizaciones, pero integrado al micro y macro ambiente, señalado al principio de este ensayo sobre la base del Modelo Organización, Ambiente de Trabajo y Ámbito General de  Chiavenato I (2007:27), en este sentido, lo expresado por los citados autores comprende en esencia la administración de los recursos humanos en las empresas, orientadas a su calidad de vida laboral, actividades de producción o servicios, pero obligadas a seguir normas para su protección personal. En consecuencia, los avances en las Tecnologías de la información si bien deben responder a la productividad, crecimiento económico, mejoras de sus servicios, simplificación de trámites, desarrollo e innovación, es necesario que las empresas se conviertan en ambientalmente responsables, junto a los socios, proveedores y clientes

Es propicio destacar que la dimensión ambiental la relacionamos a nivel empresarial con el modelo sustentable de negocios establecido por Boons, F y Lüdeke-Freund, F. (2013:9-19) como concepto emergente que incluye la innovación sostenible, en el cual cada empresa de producción, consumo, comercialización o servicios difiere en función al desarrollo sostenible, de allí que se considera un modelo poco preciso pero novedoso en el mundo empresarial. "Para nuevas empresas esto puede ser poco clara". En este contexto, un modelo de negocio se utiliza como un plan que especifica cómo una nueva empresa puede llegar a ser rentable".

Sobre la base de lo antes señalado urge la necesidad que las empresas consideren su dimensión ambiental, que incluya las relaciones de la organización con su entorno más próximo, socios, proveedores y clientes, cumpliendo los derechos fundamentales de los recursos humanos en igualdad de oportunidades, no discriminación, cultura, educación y medio ambiente.

### *Tecnologías de la Información y los Recursos Humanos como Estrategia en las Empresas.*

En la primera década del siglo XXI, se ha incrementado el desarrollo de Tecnologías de la Información intensificando un nuevo mundo digital, propiciando en las empresas avances y cambios al límite de romper sus procesos tradicionales en sus actividades; en consecuencia, es el recurso humano quien ejerce un rol estratégico para operar en los diversos ambientes, (micro, macro y supra). Sobre lo antes expresado, coincidimos con lo señalado por Bharadwaj, El Saawy, Pavlou y Venkatraman (2013:471:482) quienes expresan "…la estrategia de negocio digital más allá de las cadenas de suministro estrechos con socios en las industrias tradicionales a los ecosistemas dinámicos débilmente acoplados que aún están en emergencia es una tarea mucho más compleja."

En este sentido, los citados autores consideran "...esto requiere repensar la forma de normalizar las infraestructuras de TI y los procesos de negocio a su alrededor, y también necesita un convertidor digital, agilidad para responder a las condiciones del ecosistema que cambia rápidamente". En consecuencia, ante las cambiantes condiciones de las organizaciones y su entorno, que exigen repensar las infraestructuras de las TI, se ratifica al recurso humano como estrategia ante estos nuevos desafíos, máxime, cuando se requiere impulsar el Desarrollo Humano Sostenible; sobre este particular, señala Saboori, F. (2003) "La mayoría de los esfuerzos se han centrado en la infraestructura física y conectividad, dando como resultado una atención insuficiente a los usuarios, el contenido y la relevancia sin factores técnicos para aprovechar la información para la sostenibilidad ..."

En este orden de ideas, el citado autor considera que las TI han evidenciado su papel negativo para la sostenibilidad del medio ambiente a través de los efectos de rebote, relativos a aumento del consumo de energía, consumo de materiales, satélites, fibra óptica entre otros; en efecto, es necesario que al recurso humano en las empresas se les capacite para el desarrollo en innovación tecnológica, tecnologías limpias, biotecnología; por tanto ratificamos lo expresado por Cobon, J. (2009:308) "Los usos y aplicaciones de las nuevas tecnologías en los diversos campos de la actividad humana y social, exigen reconocer los impactos y transformaciones que ocasionan, así como ver la forma en que estas nuevas tecnologías se aprovechan para lograr un aprendizaje continuo, a distancia, y bajo el control de quienes aprenden".

Es importante destacar el reconocimiento de los impactos ambientales de las TI, no solo en la producción y uso de la infraestructura, en la cual las empresas deben asumir ese reto y exigencias, sino algo más delicado como es el aumento de cantidad de residuos de equipos eléctricos y electrónicos, aunado a los señalado por Saboori, F. (2003) "Productos informáticos contienen sustancias que son peligrosas para el medio ambiente y la salud humana, como compuestos orgánicos halogenados y metales pesados, y son difíciles de eliminar, reciclar o reutilizar."

Sobre este particular, los avances de las TI en la era digital desde una perspectiva del desarrollo humano sostenible se requieren replantearse partiendo del postulado de Brundtland citado por González A. (2006:115) en "... que la sostenibilidad de las oportunidades humanas depende de mantener una base de recursos: físico, humano, financiero, social y medioambiental." Por lo tanto, lo tecnológico debe estar integrado a ese desarrollo centrado en los recursos humanos, cuya responsabilidad está implícita en las empresas como organización social.

## REFERENCIAS


Alonso, Jaime Urcelay. (2007) *La responsabilidad social de la empresa en la gestión de las Pymes*. Colección EOI empresas. España.

Bernárdez, Mariano. (2008) *Capital intelectual: Creación de valor en la sociedad del conocimiento*. Primera edición. USA Editorial AuthorHouse.

Bharadwaj Anandhi, El Saawy Omar, Pavlou Paul and Venkatraman N. (2013) *Digital business strategy: toward a next generation of insights. Mis Quarterly* Vol. 37 No. 2, pp. 471-482/June 2013.

Boons, Frank y Lüdeke-Freund Florin (2013) *Business models for sustainable innovation: state-of-the-art and steps towards a research agenda*. Journal of Cleaner Production.

Cabrera, R Teresa; Santofimio Helga; Patricia Bermeo (2013). Strategic plans for Science, Technology and Innovation (STI) as a mechanism to create new conditions for sustainable regional (2013) development in Colombia. Colombia.

Caldas María Eugenia, Guillermo Lacalle, Reyes Carrión. (2012) *Recursos humanos y responsabilidad social corporativa*. Ciclos formativos. Editor Editex.

Camacho, I. Fernández, J y Miralles, J. Business ethics (2005) *Ética de la empresa*. Tercera edición. Universidad Jesuitas. Bilbao. España. Editorial Unijes

CELADIC (Centro Latinoamericano para el Desarrollo, la Integración y Cooperación). 2009. *Un modelo alternativo de desarrollo humano integral – Aportes para el cambio. N° 2*. Caracas – Venezuela.

Chiavenato Idalberto. (2007) *Administración de recursos humanos. El capital humano de las organizaciones*. Octava edición. México. Edit. McGraw-Hill.

Cobon Cristóbal Romani, Juan (2009) *El concepto de tecnologías de la información*. Benchmarking sobre las definiciones de las TIC en la sociedad del conocimiento. Vol. 14 – Núm. 27 ISSN: 1137-1102

De Cenzo y Robbins (2006) *Administración de recursos humanos*. Editorial Limusa. México.

De La Cuesta, González y Muñoz Torres, María. (2010). *Derechos humanos y relaciones laborales* Colección Sostenibilidad y Responsabilidad Social Corporativa. España. El Libro.

Etkin, J. (2007) *Capital social y valores en las organizaciones sustentables*. El deber ser, poder hacer y voluntad creativa. Argentina. Ediciones Granica.

Fernández García Ricardo. (2013) *La dimensión económica del desarrollo sostenible*. Primera Edición. España. Editorial Club Universitario

González Arencibia, M. (2006). *Una gráfica de la Teoría del Desarrollo. Del crecimiento al desarrollo humano sostenible*. Recuperado de www.eumed.net/libros/2006/mga-des/

Guédez, Víctor. (2006). *Ética y práctica de la responsabilidad social empresarial. El aporte de la empresa al capital social*. Colección Temas Gerenciales. Caracas Venezuela. Editorial Planeta.

Kliksberg Bernardo e Institute for Latin American Integration. (2009) Capital social y cultura: Claves olvidadas del desarrollo. Volumen 7. Editorial BID-INTAL. Argentina.

Mehruz K. Kamal, Mehruz. (2015) Developing a Sustainability Network for Information Technology Adoption and Use in Micro-Enterprises "Journal of the Midwest Association for Information Systems (JMWAIS): Vol. 1: Iss. 1, Article 3. Available at: Recuperado de http://aisel.aisnet.org/jmwais/vol1/iss1

Moreno Fidel y Godoy Elsy. (2012). Perspectivas y desafíos de la gerencia de los recursos humanos. Primera edición. Valera. Estado Trujillo – Venezuela.

Pérez-Grueso A, Marcuello Servós Chaime y Moneva Abadía José Mariano. (2007) *Capital social y organizaciones no lucrativas en España: el caso de las ONG*. España. Fundación BBVA

PNUD (2011). *Informe sobre desarrollo humano. Sostenibilidad y equidad: Un mayor futuro para todos. Programa de las Naciones Unidas para el Desarrollo.* Ediciones Mundi-Prensa. Estados Unidos. Recuperado de http://hdr.undp.org

Saboori Haghseta Farnaz Information technology and sustainable development: understanding linkages in theory and practice. © 2003 Massachusetts Institute of Technology. All rights reserved.

Ventura, Belén A y Delgado González Susana (2012) *Recursos humanos y Responsabilidad Social Corporativa. Administración y finanzas.* Primera edición. España. Editorial Paraninfo.

# DISEÑO DEL MODELO ALTERNATIVO DE DESARROLLO HUMANO INTEGRAL. APORTES PARA EL CAMBIO.
## (Propuesta de la Dimensión humana y temas para complementarlo)

Fidel Moreno Briceño.

## Introducción

Las naciones latinoamericanas en las dos últimas décadas del presente siglo están signadas por distintos y complejos modelos de desarrollo, cuyos elementos que lo caracterizan no reflejan la diversidad y riqueza de las naciones dejando a un lado lo concerniente a su historia, cultura, religión, organización social y fundamentalmente a las personas. En este sentido, el Centro Latinoamericano para el Desarrollo, la Integración y la Cooperación (CELADIC) realizó un profundo estudio para la construcción de una Latinoamérica más justa y solidaria.

En este sentido, se presentan las características que distinguen al Modelo Alternativo de Desarrollo Humano Integral. Aportes para el Cambio del CELADIC en comparación con el Modelo Socialista del Siglo XXI, en ambos se considera el ser humano como centro de las actividades para alcanzar su progreso social; sin embargo, la diferencia se presenta en que el segundo modelo solo se ofrecer poder desde una perspectiva económico-social, a diferencia del Modelo del CELADIC el cual se caracteriza por ser eminentemente humanista.

Es propicio destacar como contribución al Modelo Alternativo de Desarrollo Humano Integral. Aportes para el Cambio (DHI) las posibles adecuaciones de sus dimensiones y temas para complementar, con una propuesta gráfica en el cual se le incorpora la Dimensión Humana. Finalmente, se esbozan algunas estrategias para la promoción y ejecución del Modelo DHI en los distintos sectores públicos, las cuales se articulen y tengan viabilidad desde el nivel local, tal como se expresa en la Agenda 21 en relación al establecimiento y ejecución de políticas coherentes sobre el desarrollo humano sustentable.

**Características que distinguen el Modelo Alternativo de Desarrollo Humano Integral. Aportes para el Cambio. Vs. Modelo Socialista del Siglo XXI.**

La extensa geografía latinoamericana se caracteriza por la diversidad y riqueza propias de cada una de las naciones, desde sus aspectos geográficos pasando por su organización, cultura, religión, agricultura, antes de la llegada de los migrantes europeos; no obstante, se destacan elementos comunes tales como: el modelo de organización social (aldeas y ciudades), religión (grandes templos), clases sociales (multiétnico), intercambio de mercado, pertenencia común y propiedad comunitaria, reciprocidad y colaboración entre personas, así como el intercambio del comercio, diversidad social (modelos propios rotos por los invasores, eliminando nombres originarios de sus lugares) y les fueron implantados otros modelos distintos que en la mayoría son mezcla con los migrantes europeos.

Desde esta perspectiva a lo largo de nuestra historia latinoamericana se han escrito en el mundo una complejidad de modelos para el desarrollo de los países, cuyos elementos que lo caracterizan no reflejan la diversidad y riqueza de las naciones dejando a un lado lo concerniente a su historia, cultura, religión, organización social y fundamentalmente a las personas (multiétnico), sin "…profundizar nuestra identidad cultural latinoamericana … valorizar lo mejor que aportaron, como testimonio indeleble de vida y trascendencia, nuestros pueblos y comunidades originarias, y el insustituible enriquecimiento que implicó la inserción y presencia de la cultura europea… (CELADIC, 2009:32).

En este sentido, el Consejo General del Centro Latinoamericano para el desarrollo, la integración y la cooperación (CELADIC) reunido en la ciudad de Caracas en el 2006 inició de forma determinante aportar un estudio profundo para la construcción de una Latinoamérica más justa y solidaria. Es así como para el año 2009 se escribe el Modelo Alternativo de Desarrollo Humano Integral. Aportes para el Cambio, que se concibe

> … como un desarrollo que no sólo genera crecimiento económico, sino que distribuye sus beneficios equitativamente e integra a las personas, en todo el quehacer societal y comunitario. Implica que la persona humana se posesiona en el centro del proceso de desarrollo, y el trabajo humano se transforma en un factor fundamental de dignificación de la persona y de culturización en la sociedad. (CELADIC, 2009:35)

Sobre la base de lo antes esgrimido, se pueden señalar a grosso modo los elementos que caracterizan y distinguen la propuesta del esquema del Modelo Alternativo de Desarrollo Humano Integral (DHI) del CELADIC (2009:36), sintetizados en: Centralidad en la persona humana y del bien común, marco de políticas; prioridad del trabajo sobre el capital; establecimiento de criterios de justicia social en los contextos regional, nacional e internacional; equidad y justa distribución de la renta; políticas de control de los flujos financieros reduciendo la brecha norte-sur, eliminando toda forma de proteccionismo; economía productiva con dimensión social (seguridad alimentaria) que permita satisfacer las necesidades humanas de las futuras generaciones; profundizar y ampliar la participación popular, a través de procesos democráticos donde se prioricen los valores éticos y solidarios; proceder a una profunda revisión y reordenamiento de las estructuras intergubernamentales regionales e internacionales, políticas, económicas y financieras, con criterios éticos de transparencia, honestidad y participación democrática; revertir la línea de prioridad "mercado-estado-sociedad", hacia una coherente dimensión "sociedad-estado-mercado"; asumir la dimensión y responsabilidad ecológica e incorporarla a las otras dimensiones.

Es propicio destacar que el Modelo Alternativo de Desarrollo Humano Integral. Aportes para el Cambio, supera a muchos otros que se han implantado en Latinoamérica y particularmente en Venezuela en el cual se está aplicando el Modelo Socialista del Siglo XXI cuyos elementos que lo definen y conllevan al desarrollo integral de toda la sociedad, según Patiño, R (2010) son: Pueblo y las comunidades organizadas; los trabajadores de las empresas y fábricas; los productores de materias primas e insumos y el Estado; a esto se agregan según Chávez, H (2011) las siete líneas estratégicas del Proyecto Nacional Simón Bolívar y la Venezuela Socialista caracterizadas por: *La nueva ética socialista*; que le permita a los venezolanos tener cada día mayor conciencia socialista, humanista, desprendimiento; *Lograr la suprema felicidad social*, la única forma de lograr la mayor suma de felicidad para un pueblo es a través del socialismo; *La democracia protagónica revolucionaria*, la cual consiste en que el pueblo tenga el poder y vaya progresivamente asumiéndolo y construyendo el nuevo poder popular; *El modelo productivo socialista*, la única forma de que se consiga la suprema felicidad social es construyendo un modelo económico social; *La nueva geopolítica nacional*, considerada como la nueva geometría del poder; *La nueva geopolítica internacional*, destacándose la unión e integración de los pueblos suramericanos, y *Venezuela: potencia energética mundial.*

Al compararse el Modelo del CELADIC, con el Modelo Socialista del Siglo XXI, se evidencia claramente que aún cuando trata de colocar al ser humano como protagonista de este y ofrecerle poder para alcanzar la suprema felicidad, solamente es manipulado al centrarse en un modelo eminentemente económico-social, dejando a un lado los demás elementos que deberían caracterizar a un modelo humanista.

En este sentido el humanismo según Chávez, H (2011) tiene tres acepciones: el establecimiento de una igualdad absoluta entre sus ciudadanos (sin distingo de clases); la solidaridad que destierra la base del capital visto desde la perspectiva individual y egoísta; y el humanismo democrático, para enfrentar los tres obstáculos estructurales de la democracia participativa: la explotación, la dominación y la enajenación entre las grandes interacciones del ser humano tales como: 1. Con el otro, como ser económico (problema de clase); 2. Con la naturaleza (problema ecológico); 3. Con la mujer (problema de sexismo) y 4. Con otros grupos étnicos (problema de racismo).

Desde esta perspectiva y su aplicación del mencionado modelo, considero que la situación de Venezuela a pesar que en los últimos 15 años se le ha otorgado una identidad "Socialista", además de una cuantiosa inversión en programas sociales, sin embargo, el Gobierno Venezolano debe evaluar los resultados obtenidos que le permitan fortalecer su "Piso de Protección Social" en materia de educación, salud y vivienda, mejorar la redistribución de los tributos petroleros y no petroleros, disminuir los gastos de seguridad y defensa, estabilizar la economía del país en cuanto a la alta inflación, continua devaluación y escasez de productos, disminuir la inseguridad, entre otros, así como sincerar las cifras oficiales en materia estadística, con la finalidad de que las políticas públicas sean más reales y no sobre evaluarlas para expresar ante el mundo un avance y desarrollo.

En consecuencia, se evidencia claramente con sus resultados que es un modelo fracasado y que obviamente no amerita rectificación sino por el contrario un modelo alternativo para el cambio, como el desarrollado por el CELADIC que plantea "El ser humano debe aprovecharse de la naturaleza para su supervivencia y desarrollo integral, y simultáneamente, debe preservar el medio ambiente como heredad y patrimonio de toda la humanidad, desde el hoy y en función de las futuras generaciones"; así como " Sólo en el marco de esta visión del "derecho a la vida, al desarrollo y al futuro", adquiere vigencia y profundidad (2009:45 – 70)

## Posibles adecuaciones a dimensiones y temas para complementar el Modelo Alternativo de Desarrollo Humano Integral. Aportes para el Cambio (DHI).

El Modelo Alternativo de Desarrollo Humano Integral. Aportes para el Cambio, a mí juicio cumple exhaustivamente con la mayoría de los elementos y características teórico – metodológicas, en comparación con otros que a lo largo de nuestra historia Latinoamericana se han puesto en práctica, dejando como resultado uno de los continentes más ricos en recursos naturales y económicos, pero con la mayor desigualdad, tal como lo señala Kliksberg, B (2005):

> Este escenario de desigualdades agudas, persistentes, y de enorme incidencia en el aumento de la pobreza, en las dificultades para un crecimiento sostenido, y de gran influencia en las carencias que afligen la vida diaria de la mayor parte de la población es el que genera sufrimiento social en gran escala y dificultades importantes para la gobernabilidad democrática. Por lo que es hora de poner a la inequidad en el centro de la agenda pública y trabajar a fondo colectivamente sobre como dejar de ser la región más desigual de todas.

Sobre la base de esta afirmación, es mi responsabilidad reflexionar acerca de la actual situación y cuál será el futuro de nuestras generaciones; al respecto, es propicio citar a Guzmán L. (2009:28) al escribir en su artículo AMÉRICA: ¿continente de la esperanza? lo siguiente:

> Es fundamental, para custodiar y cultivar esta esperanza, la guía de los tres principios básicos de la doctrina social de la Iglesia: la dignidad de la persona humana, la subsidiariedad y la solidaridad. Actualmente en América Latina hay modelos virtuosos para esta esperanza y muchas amenazas.

En relación con esta última cita, es importante, guiarme para formular una posible adecuación a las dimensiones establecidas en el DHI, específicamente tomar en cuenta la dignidad de la persona humana como el primer principio enmarcado en la doctrina social de la Iglesia, con el interés de proteger al hombre del peligro de alterar los valores más fundamentales. La dimensión para incluir se encontraría inmersa entre las cinco establecidas en el DHI, representando el centro, y a la que me atrevería denominar **DIMENSIÓN HUMANA**[1]; como un modesto aporte para darle un tratamiento particular.

Quizás me inclino por esta dimensión con la finalidad de establecer esos elementos importantes a la luz de las Encíclica de la Iglesia Católica como por ejemplo la Humanae Vitae que es bien explicita en sus fundamentos filosóficos que S.S. Pablo VI orientó la Doctrina Cristiana: Familia, dignidad humana, derechos humanos, valor de la vida, humanismo cristiano, espiritualidad, entre otros, que son intrínsecos en el ser humano que requieren un tratamiento muy particular y especial.

De igual manera es importante involucrar o vincular el ente público, privado y la misión de la iglesia en programas dirigidos a los jóvenes relativos a estos temas, fortalecer las escuelas para padres y valores a todos los niveles y modalidades de la educación latinoamericana, establecer estrategias bien concebidas por parte de la iglesia orientadas a fomentar y reforzar los valores cristianos vinculados a la familia. Recientemente S.S. Papa Francisco, "En su encuentro con el secretario general de la ONU, Ban Ki-moon, subrayó la contribución de la Iglesia Católica "en favor de la dignidad integral del ser humano". (Teinteresa.es 2014)

En otro orden de ideas, destaco a manera de sugerencias para complementar el diseño del modelo, lo atinente a la inclusión, dentro de la **DIMENSION POLITICA**, al Voluntariado en América Latina, de los cuales existen ejemplos en varios países, que según Kliksberg, B (2006) representan: 1) Una fuerza económica poderosa a nivel mundial y potencialmente en América Latina; 2) Existe un voluntariado en América Latina a pesar de los escasos estímulos significativos, además de no existir política pública que sistemáticamente den apoyo al voluntariado, que premie o generen incentivos; 3) El voluntariado ha hecho mucho en apoyo de las políticas públicas; y 4) El voluntariado es construcción de ciudadanía.

Sobre lo antes esgrimido por el autor, recomiendo ampliar y considerar este tema, en especial porque nuestra Iglesia Católica cuenta con grupos voluntarios, pero es necesario fortalecer en el ser humano, el liderazgo de servicio a nuestros hermanos, tal como lo expresa Blanchard y otros (2007) citados por Moreno, F. Godoy, E. y otros (2012:50) "primero sirvan y después lideren" y el ejemplo del servicio lo tenemos en Jesucristo, que debe ser una lección para los líderes de hoy.

Desde otra perspectiva, es oportuno destacar el principio 13 de la Declaración de Rio sobre el Medio Ambiente y el Desarrollo en 1992, que según Naciones Unidas (2013) señala:

---

[1] En el documento Estudio 2 Un Modelo Alternativo del Desarrollo Humano Integral. Aportes para el Cambio, solo aparece enunciado Dimensión Humana dos veces, pero ser humano si está incluido en todas las dimensiones.

A fin de lograr una racional ordenación de los recursos y mejorar
así las condiciones ambientales, los Estados deberían adoptar un
enfoque integrado y coordinado de la planificación de su
desarrollo, de modo que quede asegurada su compatibilidad con
la necesidad de proteger y mejorar el medio humano en beneficio
de su población.

Considero este principio muy importante, toda vez que está referido a lograr
una racional ordenación de los recursos y mejorar así las condiciones
ambientales, recomiendo incluirlo por cuanto en el Modelo DHI, al referirse al
ordenamiento, se orienta al "reordenamiento de las estructuras
intergubernamentales y al ordenamiento socio-económico" y no a la
ordenación de los recursos y condiciones ambientales; en consecuencia, se
podría ampliar la **DIMENSIÓN MEDIOAMBIENTAL,** lo cual permitirá orientar
a los Estados acerca de la promulgación de leyes eficaces sobre el medio
ambiente, cuyos objetivos de ordenación y las prioridades ambientales
deberían reflejar el contexto ambiental y de desarrollo al que se aplican.
Sobre este tema recientemente S.S. el Papa Francisco afirmó el pasado 13
de enero del 2014, ante el cuerpo diplomático acreditado en la Santa Sede,
"la ávida explotación de los recursos ambientales" constituye "otra herida a la
paz". "Si bien la naturaleza está a nuestra disposición, con frecuencia no la
respetamos, no la consideramos un don gratuito que tenemos que cuidar y
poner al servicio de los hermanos, también de las generaciones futuras". (La
Vanguardia.com, 2014).
Finalmente, y considerando que no existe una representación grafica de DHI,
realizo la propuesta de un Diseño del Modelo Alternativo de Desarrollo
Humano Integral. Aportes para el Cambio, con la inclusión de la Dimensión
Humana y los temas para complementar las Dimensiones Política y
Medioambiental. (Ver Diseño del Modelo DHI)

### *Posibles estrategias para la promoción y ejecución del Modelo DHI en los distintos sectores públicos.*

Considero primordial realizar algunas reflexiones con la finalidad de
establecer estrategias que le permitan darle viabilidad al modelo DHI, de
manera amplia a todos los sectores de la vida y dirigentes (sociales,
empresariales, políticos, académicos, culturales, religiosos, entre otros); en
tal sentido, se deben crear en cada país latinoamericano equipos del
CELADIC por Capítulos (ya se han dado algunos avances al respecto),

conformándose red de conexiones entre capítulos, que permitan conocer las estrategias de promoción del Modelo; con la finalidad de estar al tanto acerca de cuáles son las más exitosas y escoger las mejores.

Partiendo de lo antes expresado, se pudiera compartir e influir con los diferentes sectores de la vida pública y privada a través de las siguientes estrategias:

✓ Planificar cronograma de visitas a los medios de comunicación (TV, radio, prensa y redes sociales) para dar a conocer el CELADIC, y el modelo DHI.

✓ Concertar encuentros con líderes (políticos, universitarios, empresariales, comunitarios, académicos, culturales, y religiosos, entre otros), que permita un primer acercamiento para la promoción del CELADIC, y el modelo DHI.

✓ Organizar y participar en algunas actividades que realicen los grupos del voluntariado de la ciudad, con la finalidad de compartir sus experiencias e involucrarlos en la promoción del CELADIC, y el modelo DHI.

✓ Promocionar el Diplomado Desarrollo Humano Integral a Profesionales adscritos a Institutos de Educación Superior y sus respectivos Gremios.

✓ Realizar encuentros con los representantes de la Iglesia para dar a conocer el modelo DHI y acordar estrategias para su divulgación y promoción.

✓ Organizar y participar activamente todos los miembros de cada Capítulo del CELADIC, en eventos locales y regionales (Congresos, Seminarios, Simposios, Talleres) promocionando el modelo DHI.

## Diseño del Modelo DHI
## (Propuesta)

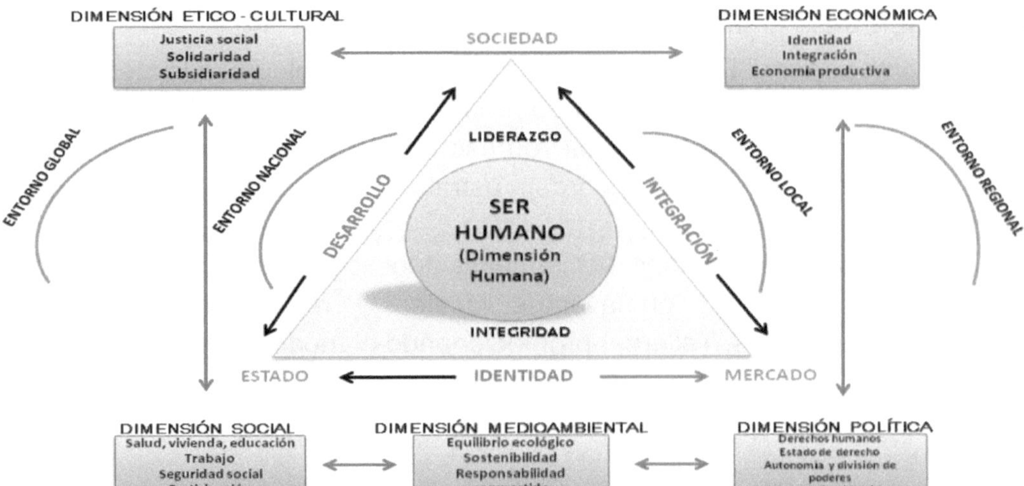

Si las estrategias se articulan y evidencian resultados en la mayoría de los sectores de la vida pública y privada, su ejecución tendrá viabilidad comenzando desde el nivel local, tal como se expresa en la Agenda 21 en relación al establecimiento y ejecución de políticas coherentes sobre el desarrollo humano sustentable, toda vez que los gobiernos locales constituyen la autoridad más cercana al pueblo y por ende su conjunta participación favorecen el logro de los objetivos del modelo DHI; en consecuencia todas las estrategias anteriormente formuladas deben orientarse hacia lograr unir esas fuerzas vivas, a objeto de elaborar un Plan de Desarrollo Humano Integral, con una perspectiva a largo plazo (25 años) como horizonte de ejecución, articulado con los demás Planes Sectoriales para cada lugar en el ámbito Municipal.

En este sentido, al referirse al municipio, comparto lo expresado por mi Colega González, F. (2013:81) "… lugar es el espacio donde mejor pueden concretarse las iniciativas para el desarrollo humano sustentable…se debe hacer desde el Municipio que es la entidad político – territorial autónoma por excelencia para la gestión pública del lugar."

## REFERENCIAS


CELADIC (2009) *Un Modelo Alternativo de Desarrollo Humano Integral. Aportes para el cambio.* Número 2. Caracas. Venezuela.

Chávez, H (2011) *El Socialismo del Siglo XXI.* Cuadernos de Colección para el debate. Caracas.

González, F (2013*) Lugarización.* Mérida. Venezuela. Fondo Editorial Universidad Valle del Momboy.

Guzmán L *(2009)* AMÉRICA*: ¿continente de la Esperanza?* (Segunda Parte*).* Revista Aportes Nuestra Tierra. CELADIC (2009) N° 12, octubre. Panamá.

Kliksberg, B (2005*) América Latina: La Región más desigual de todas.* Revista de Ciencias Sociales. V.11, N°3 Maracaibo, Sep. 2005. Recuperado de http://www.scielo.org.ve/scielo.php?pid=S1315-9518200 5000300002&script=sci_arttex

Kliksberg, B (2006) *El potencial del Voluntariado en América Latina.* [Grabación en video de la Jornada Internacional de Capital social, Ética y Desarrollo. Washington D.C].

La Vanguardia.com (2014) El Papa prepara una encíclica sobre la protección del medio ambiente. Recuperado de http://www.lavanguardia.com/ natural/2014017/ 54399576953/papa-francisco-prepara-enciclica-sobre-proteccion-medio-ambiente.html.

Moreno, F, Godoy, E y otros (2012) *Perspectivas y desafíos para la gerencia de los recursos humanos.* Talleres gráficos de Harmony Editores C.A. Valera – Venezuela.

Naciones Unidas (2013) *Programa 21.* Departamento de asuntos económicos sociales. División de desarrollo sostenible. Recuperado de http://www.un.org/spanish/esa/sustdev/agenda21/agenda21spchapter28 .htm.

Patiño, R (2010) *Modelo de Gestión Socialista.* Recuperado de http://es.slideshare.net/ economía socialista/modelo-de-gestion-socialista-rafael-enciso.

Teinteresa.es (2014) *Las 292 frases del papa Francisco en sus 293 días de pontificado.* 09 de abril del 2014. Recuperado de http://www.te interesa.es/religion/frases-papa-Francisco-dias-pontificado_0_10576094 786.html.

www.ingramcontent.com/pod-product-compliance
Lightning Source LLC
Chambersburg PA
CBHW031401060726
47590CB00007B/2895